教育大未來 3

《教育大未來》系列共三冊

1. 軟體打造**科技大未來**
程式設計是下一代最重要的生存技能

2. 未來**最好**的**學校**
新世代全才教育與創業訓練

3. **超強未來父母**手冊
你不能不知道的11個教養觀念與作法

超強未來父母手冊

你不能不知道的11個教養觀念與作法

徐宏義
羅曼如
著

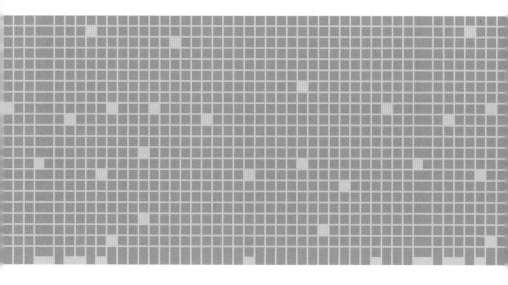

推薦

（依推薦人姓氏筆劃序）

我們開辦了一所非傳統教育體制的技術型的實驗教育機構，非常重視數位科技的運用，所有的知識和技術都透過電腦進行，但是人文素養的提高也是平行進行的訓練，包括了文學、美術、音樂、電影及社會關懷。這套書的出現，正好提供了我們這所學校未來發展的參考，在此推薦給所有體制內、外的老師和家長閱讀。

——作家、TMS（臺北市影視音實驗教育機構）校長　小野

當我越讀這本書，越坐立難安；我彷彿拿到了開啟未來的藏寶圖，應該馬上行動！數位科技、能源爭奪、全球化……等變革，勢必帶來顛覆性的學習模式，然而大部分人只固守傳統！我們是「徐氏教育法」的積極實踐者，父母是教育革新的重要關鍵！為了孩子與國家的未來，值得全民推廣並再三研讀！

——導演、家長　王慧君

針對未來人才的需求，規劃孩子的教育之路，是現代父母必須思考的問題。我非常認同徐氏夫婦在書裏及教學現場的教育理念，更發現在教養孩子的同時，最需要改變的是父母的態度。沒有勇於嘗試創新思維的父母，孩子的未來也可能受限。讓我們用跳脫傳統的行動力翻轉孩子的大未來！

——消費高手節目主持人、家長　支藝樺

每個小孩都有獨立思考能力、批判力、溝通力、創造力、寫作力、自學力，分數不再是孩子生命價值的裁斷點，是《教育大未來》三書作者策劃的未來學校藍圖。年輕人讀後會有不同的方向與作法。父母、教育者讀後，能體會新科技和新式教育的思維。

——知名作家　吳祥輝

我最喜歡的一句諺語說：「預測未來最好的方式就是去創造它。」**翻開這本書，將讓你建立對未來的認知，**書中所寫的不是玄學，而是世界上正在發生的事情，未來早已存在，只是還沒平均分布而已。**你可以選擇讓未來在眼前不斷發生，也可以起身行動，參與其中。**

——LAB SKOOL 創辦人　吳鉑源

書中諸多主張都打動我的心弦，尤其是作者用媽媽俱樂部、女孩俱樂部推廣女性學習程式設計。我因為科技的能力得以在美國立足，實現我的美國夢。我的兒子張峰也因為科技的教育奠定了他在生物科技研究的基礎。**科技教育與程式能力的確可以改變人的一生，我就是一個最佳的見證！宏義與曼如的這三本著作，確實是實現未來教育的良方；讀過的人，一定可以領先別人一步。**

——科技公司高級工程師、張鋒的媽媽　周淑均

（張鋒博士為美國麻省理工學院教授，CRISPR發明人之一，二〇一六年唐獎得主）

身為科技創業者，時常觀察家裡兩位小學生的學習狀況，我深深理解到我們必須擺脫舊有的填鴨式教育，讓小孩能獨立思考、挑戰舊有框架、用另類方法解決現有問題才能提升他們的國際競爭力。EDUx的創辦理念與教育方式與我的想法不謀而合。**EDUx從程式設計語言學習出發，介**

紹簡潔易懂、實用的程式概念，讓學生從小訓練邏輯思考、創新能力與溝通技巧，將能孵化出具有創業家精神，勇於闖蕩，追求夢想的未來領袖；讓他們個個都能成就與創造更寬廣與自由的人生。希望您也認同EDUx的教育理念，為下一代裝備更多的武器與增加更多的競爭能力。

——U-GYM Tech. & AIRSIG Tech. 共同創辦人兼行銷長　余福浩

幾年前認識徐宏義先生與羅曼如女士夫婦，深深被他們對教育創新與改革的熱情所感動，兩位作者致力推動兒童程式教育，強化小孩邏輯思考力、培養小孩專注與細心、增加小孩抽象思考能力，並以他們在教育上的研究與實際教學經驗，開創出一套新的教學方式，相信看完此書後會對您小孩的教育方式有完全不同的看法，開展全新的人生。

——中華民國數位學習學會理事長　林立傑博士

台灣的硬體基礎相當好，但在未來，純硬體容易被抄襲，加上軟體，讓關鍵特色融入軟體，那麼就像倚天劍加上屠龍刀，無堅不摧。如果中小學教育真如作者在書中所描述的學習方式，訓練科技的能力，實施創業的訓練，那大學將會有更多具有好根基的人才可以繼續培植，那麼整個國家的前途將會大大有所不同。我誠心全力推薦作者《教育大未來》的三本書。

——台大特聘教授及創新研究中心主任　林清富

創新創業這個熱門的題目，已經是在我身體流動一輩子的血液。近二十年的寫作生涯裡我寫了七本暢銷書，談的都是以這個題目為中心。近幾年矽谷的創業精神在台灣開始蔚為風氣，欣見EDUx將創業家的精神與訓練置入中小學的教育中，這是很新的作法，我相信如果用正確的方法施行，台灣的年輕學子將會有非常快樂且成功的人生。

——美國橡子園合夥創辦人、羅特斯教育基金會董事長　林富元

如果你擔心家裡小朋友的教育問題，請務必花時間琢磨這套《教育大未來》三部曲。

身為一個六年級後段班創業者、自造者、兩個小孩的父親和一個到了四十歲歲才知道自己正在叛逆期的中年人，時常對學習日新月異新技術感到困擾，也對小孩要進入的台灣教育系統有很多疑問。

因緣巧合下認識了天才徐安廬的母親Joyce，還有她的小兒子Ben。其實我最想知道的，就是Ben的父母親，如何引導這個少年這麼快樂且快速地進入到無人飛機這個快速發展的領域，也很想知道怎麼讓我自己的小孩也這麼快樂並同時擁有在未來世界的競爭力。

很高興的是，作者無私的撰寫了我最想知道的環節。明確的解釋了為何要這樣做、要做什麼跟怎麼做，讓我對孩子未來的教育方向有了個明確的導航點。

——台灣第一家無人飛機公司　智飛科技共同創辦人　林永仁

你知道女性比例較高的企業，實質上賺越多的錢嗎？《教育大未來》這套書中鼓勵女孩學程式設計，舉了許多理由與實例。作者主持的基金會用心積極推廣女孩與媽媽學科技。我身為女科技人也創辦科技防災的公司，極力推薦所有的父母與年輕人閱讀這套書，仔細思考科技能力在未來世界的重要性，重新規劃學習的方向。

——瑞德感知共同創辦人　林筱玫

兩位作者是各自有專業的知識分子，身為父母加上對周圍父母焦慮的關心及對台灣教育的省思，成為教育實踐者。**本書是深思熟慮後的成品。由書寫風格，讀出他們的內省與同理。**筆觸間可以體會到他們一直思考讀者會怎麼想，要如何下筆，如每一冊的導論，仔細說明為什麼寫每一章，所挑選的重點是什麼以及自己的闡述。作者娓娓道來世界上各地許多未來的故事，帶著讀者看到未來已經在眼前。在此前提下，他們倡議創業教育，培養孩子科學思維，創意解決問題的能力。最後，說到做到，全然展現跨界自學，提出教育心理學最新的研究，說明他們對教育的想法與作法。**讀完，你被激勵要想，教育還能這麼走嗎？想改變嗎？翻開本書閱讀是最好的開始。**

——國立中央大學學習與教學研究所教授、前國家教育研究院院長　柯華葳

Joyce和David讓我認識了翻轉教育，也影響了我對孩子的教育方式。這些年來他們除了教育理念的推行，更積極推動各種電腦程式教育，把以往認定艱澀、局限在理科專業才能學成的技能反轉成人人都應該、人人都能夠掌握的能力和適應未來生活的工具。

許多人認為是因著在美國自由的教育體系下才能夠有像徐家三兄弟的優異表現。在美國生活這些年，我能確定他們的表現絕非是文化環境的因素，而父母的觀念才是最大功臣。**這一家人不僅是翻轉教育的理論家，更是實踐者**，看著他們這些年不斷致力於將這股翻轉的動能帶入台灣教育，如今更欣見他們藉由文字和更多為人父母、為人師長者分享，相信會讓更多家長老師產生共鳴，一起加入推動翻轉教育的行列，從自己做起，讓我們的孩子具備探索世界的勇氣和能力、讓他們掌握面對未來生活的工具。

——財團法人福臨文化藝術基金會執行長　祁亞蕾

這套書透過腦神經科學研究，結合作者的親身教育經驗，不只讓您的孩子不被3C產品所控制，反而更能用這些工具的威力，創造他們的未來。

——長庚醫院失智症及認知障礙科主治醫師　徐榮隆

懷抱對科技的熱愛和對教育的理想，David & Joyce剴切地呼籲，我們對於軟體應用發展和程式設計教育，應該投注比現在十倍或百倍的關心。身為耕耘數位教育多年的科技人來說，我非常同意，也很敬佩。我強烈推薦讀者透過這套書，拓展視野，修正觀念，激勵行動，改變自己，也改變孩子的未來。

——澔奇數位及瀚師科技創辦人，史丹福電腦碩士、哈佛商學碩士　孫憶明

一群創新天才積極創辦一個未來最尖端科技的全人教育，改變世界未來分享學習並共享經濟的創業新商業模式。他們倡導與創辦動手去做、自我探索、高層次頂端技能科技的未來學校，讓所有人擁有最新創業科技、勇於創業、改變世界！

我認為EDUx School Moonshot Project是世界級頂尖新創！

——馬可瀚創辦人、商業周刊／先探投資封面人物　許芸融

無論您是在學學生，或是已入社會的年輕人；又或者您是教育工作者，或父母，都應該參閱《教育大未來》套書。為自己、為您的學生或孩子，建立一套足以迎向未來，創新學習的教育觀念與態度。

——華視副總經理、中廣新聞網節目主持人　郭至楨

程式語言、創業精神、創造力、自我學習及分享與分工合作能力，已經成為這一代孩子面對巨大社會變遷、迎向未來世界挑戰的必備條件。但很可惜，這些都不是目前台灣主流教育所看重的，甚或說反其道而行。

身為小四生的家長，無力感不言可喻，但也不應忘記，影響孩子最大的還是家庭教育。因此，我們是否能成為他們品格養成過程中的好見證？是否能勇於追求仍非主流的科技教育價值觀？是否有足夠的好奇心協助孩子探索大未來？是否能及早培養他們獨立思考、解決問題及生活自理的能力？有趣的是，我們本身也受傳統教育的束縛，**如何破繭而出而不是作繭自縛將是身為家長最大的挑戰，這正是此系列書籍帶來的啟發。**

——活水社企投資開發共同創辦人、家長　陳一強

科技與教育是人類改善未來最重要的工具。我在台灣、香港、新加坡積極的推動科技人才的培育，做改變年輕人的未來的事；**這是一本改變教育的寶典。幫助我們的下一代擁抱科技、啟發他們的創業家精神**，才能開創一個更好的未來。讓我們大家一起來！

——亞洲最大新創學校 ALPHA Camp 創辦人　陳治平

在創新創業的時代中，我很贊同下一代應該從小培養創業精神，要有擁抱創新事物的好奇和熱情，也勇敢面對未知與不確定，所以，我相信無論是年輕父母或年輕工作者，都可從本書獲得助益。

——《數位時代》執行長　陳素蘭

泰美教育基金會一直致力於屏東地區兒童教育的推廣。我們非常認同EDUx培植孩子科技教育的理念，除了邀請Joyce親臨泰美舉辦親子教育講座，也曾用Google Hangouts的方式合辦台北、屏東的Hour of Code（一小時學電腦程式）活動。

要培養孩子具有創造未來世界的能力，就需要創新的教育方法。《教育大未來》這套書**指出了和傳統教育非常不同的一條道路，提供我們家長和教育者一個全新的方向。**

——泰美教育基金會執行長／泰美親子圖書館館長　張智惠

當學習發展成如同工廠流水線般進行著，一頓掙扎過後還剩下什麼？

現在主導權開始回到自己手中，越是清澈透明的眼越能發現更多資源及可能性，**相信《教育大未來》讀者都能和我一樣享受在開創與探索未知的喜悅當中。**

——航見科技執行長　張東琳

人生直到過五十才領悟一件事，如果能夠重來，我會選擇自己創業；這也是我會給年輕人的建議。因為創業精神正是學習者最佳的態度；生逢網路時代，更是創業大浪潮的時刻。**這本書有太多實證和論點讓人不禁擊掌叫好。**真心相信，善用網路科技，是一個最好的學習和教育過程。

——串樓口議題社群社長　莊豐嘉

我們認為藉由徐氏夫妻用心編寫的《教育大未來》套書，可以讓更多人了解這世界正在快速不斷地在改變！透過《軟體打造科技大未來》為未來生存技能作準備，軟體的影響已經無聲無息的深入每個人的生活習慣，主宰著大家；《未來最好的學校》潛移默化培養創業家所需的思考模式及技能知識，拓展國際視野；《超強未來父母手冊》的腦神經科學實證，徐氏新教養法教您小孩子碰到困境如何能獨立思考與解決問題。這套書結合科技、創業訓練、新教養法，多元創新思維來面對未來的世界，是不可多得的好書，絕對值得閱讀推薦並加以傳遞！

——Dynasafe 業務專案經理　黃生發、家長　劉桂蘭

沒有一個教育制度可以把不是天才的學生教成天才，但是不好的教育方法可以毀掉天才。這世界上的天才，遠比我們想像中要多。但為什麼我們在臺灣看到的這麼少？

作者夫婦結合了他們在臺灣和美國雙重的經驗，比起直接翻譯美國教育家的書，更能切中臺灣教育的問題和家長的心態。

書中有很多故事與我的個人經驗契合。希望自己的孩子能充分發揮他的天份嗎？那你該讀這套書。或許你現在的作法已經是正確的了，那看完你會更有信心。

——和沛科技創辦人兼執行長　翟本喬

我姪子在大二時很幸運的接觸到EDUx，上完課後他直說真的是太晚學到這些課程，讓他眼界大開，對自己、對未來更有自信和想法。

好的教育方針會讓個人和國家的未來變彩色，宏義和曼如一直在這領域努力，以我姪子的改變，我確信他們的教育理念與方法真的可以為台灣培育出更好的人才，而這些人才未來的生活一定是彩色的，他們一定也會讓台灣翻轉向上。

——創業者、家長　歐金月

篇幅所限，部分推薦僅能節錄，全文請見本書網站：edux.tw/books。

獻給

我們的父母，

我們的孩子——安廬、安祺、安心
——以及他們正在幫忙打造的世界。

To

Our Parents,

Our Children - Andrew, Patrick, Ben -

and the world they are helping build.

CONTENTS

我們沒有辦法解決自己看不見的問題。

——徐宏義

We cannot solve problems that we don't know exist.

——David Hsu

作者序

分享科學實證的新教養法

二〇一三年夏天的一個午后，下著小雨，台北的天氣像爐上剛掀開蓋子的水鍋般，三十八度C的空氣裏滿溢著溫熱的水氣，由大安森林公園沿著新生南路慢跑回辦公室，雨水夾著汗水，一頭鑽進屋內，冷氣沿著天花板沖過來，我看到四個大約七到十歲模樣的小孩，圍在大會議桌的一角，嘻嘻哈哈地你一句我一句，玩著我們從美國帶回來的ColorCode。

進到辦公室，發現曼如正聽著幾位年輕媽媽聊到她們的孩子，幾位媽媽的情緒全寫在臉上，她們輪流談到孩子的教育、課業、興趣、孩子的未來、個性、長處、短處，一位媽媽談到兒子不喜歡念書，在學校被霸凌，行為也很偏差。

另一位媽媽提到兒子的叛逆；再一位媽媽則提到對現行學校教育的失望、不滿，她的臉上充滿了焦慮、疑惑和不安。

聽她們聊著，我已經坐下來快一個小時，我趁空檔把冷氣再調低一度，其中一位媽媽，講著講著突然哭了起來，曼如跑過去安慰她，這個時候另一位媽媽突然補上一句，「你們的書什麼時候出，我們等了好幾年，再不出來，我的小孩就長大了！」

聽到這裏，再看看那位流著眼淚的媽媽，令我想起當我們還是年輕新手父母的時候，時光回到當年，我們在請求校長讓小孩待在學校半天，那種無助的臉色，和這幾位媽媽沒有兩樣，也是充滿了對孩子未來的焦慮，那時候，我們是無人可求，在黑暗中，摸索自己找路。

今天，多少年後，看著這些彷彿當年自己的家長們，我們繞了半個地球回來，真的有太多太多的故事和經歷，以及研究和實驗的成果，可以和台灣的父母和正在找方向的年輕人分享。這，就是我們寫這本書的初衷。

美好童年在哪裏

有天下午因為有事到公園路，在滂沱大雨裏，穿過南陽街，抬頭一看，整排補習班的招牌，和幾十年前一模一樣，幾乎是穿越時空的原樣翻版，我像是穿著國中制服的少年，在雨絲裏看著自己濛濛的前途，那個場景像電影《回到未來》主角Marty回到過去，那種既陌生又熟悉的感覺。

我從未在南陽街補過習班，不知道擠在那裏補習的感覺是什麼，但是我受過台灣小學到大學完整的學校教育，深深了解台灣的學校教育就是只為一個目標存在——那就是「升學」。現在，過了幾代之後，這個升學的標竿到今天依然豎立無恙，完全沒有改變。

看著大雨裏南陽街林立的補習班街景，我突然想起不知在哪裏讀過的一句話：

Childhood is life, not preparation for life.

我的筆拙，沒法很完整的傳達這句原文的意思。這句話的意思是說，「**童年就是生活，不是為未來生活的準備。**」

突然間，我清楚了台灣的家庭和學校教育就是幫小孩填滿他們的生活。小孩沒有在享受、沒有在品味（Savor）他們的童年和青少年時期，他們只是每天在學校和父母的安排下，為他們的未來打拚，卻忘了過他們的童年和成長的生活。

不管年紀有多大，你不是對你的孩童時代都還記憶猶新，歷歷在目嗎？當你的小孩到了你的年紀，他們也會一樣，對童年的許多事都會記得清清楚楚。你希望你的小孩有個被綁架的童年嗎？你希望當你的小孩想起他的成長年代，腦子裡浮現的是一片空白，想不起他曾經做過什麼他想起來嘴角會掩上一抹詭譎微笑的事嗎？

唉，親愛的父母們，讓小孩去玩，去享受他的成長歲月，讓他們的童年和青少年、青年時代，成為他們一輩子美好的回憶吧。

讓他們有一個屬於他們自己的美好童年，比考試、升學、讀什麼學校那碼子事重要得太多了。

對台灣的總觀效應

專研太空探險和人類未來文明的作家Frank White在一九八七年首先提出一個叫總觀效應（Overview Effect）的現象，就是太空人離開地球後，由太空中或在月球上面望著地球，看到一個無比美麗的藍色星球，會感到一種無法以言語形容的震撼和敬畏的感覺。

太空人對於人類存在的意義與價值，以及人與人之間，所有的生命形態之間的互相關聯（Interconnection），會有無比深刻的了解與刻骨銘心的體會，以致於生出一種全新的、對生命與環境的責任感。他把這種特殊的感受叫做總觀效應，似是昇華到另一個高度，或者是另一個更高的視野（Perspective），好像由上帝的角度來重新體驗與反省自我及整體人類的未來。

作者Jonah Lehrer在他的部落格裏描述美國太空總署（NASA）太空任務的三位太空人，在外太空六週之後，有一天突然宣布他們要「罷工」二十四小時，他們切斷了所有和外界，包括地勤控制人員，所有的通訊。NASA以為他們要造反，但太空人表示，他們只是想要有更多的時間看看地球。NASA後來表示，三位太空人說他們需要去「反思、觀察，在這個令人困惑、奇妙，從未經歷過的感受裏，找到自己的定位。」

曾經飛過兩次太空任務的太空人Sam Durrance這樣描述他的太空經驗：「你看過照片，你聽過別人說，但你沒法知道真正是什麼樣子。在外太空軌道上看地球，是如此的美麗，沒有任何一張照片可以比擬。這是一種感情的經驗，因為你不在地球上，但同時你感受到和地球的緊密關係，這是以前我從來沒有經歷過的。」

幾十年前，我們離開台灣，在新大陸結婚，成家，開創自己的事業。這麼多年來，我們在太平洋的彼岸，默默的看著自己的家鄉，那種既遠又近的感覺，那個因為距離產生的清晰度（Clarity），以及深化的情感，對我來說，是某種層次的總觀效應。

我們因為時間和空間，以及對西方社會更加深入的了解帶來的觀察、對比、反思、發酵，讓我們對家鄉台灣，以及台灣所面臨的問題和未來的挑戰，有著和大多數人都不相同的體會、感受和視野。

這個角度不同於對台灣沒有了解和情感的西方人，不同於在台灣出生長大、長久在這塊土地努力的人，也不同於在國外留學、工作幾年回到台灣的人，更迥異於經常或偶爾到國外考察的政府官員，也不同於長年駐外、為政府工作的外派官員。

我並不是說我的觀點是對的，其他人的觀點是錯的。我在說的是，台灣是美麗的、奇妙的，這是我在未出國前沒法體會到的，在外那麼多年，我才能有這樣的反思和觀察。這種感覺，很難用語言形容。

這樣說好了，在國外的時候，我們只要聽到台灣的負面消息，比如說立法院在打架，或者是一些奇聞軼事，就會覺得非常難堪。可惜在國外，有關台灣的消息很少，偶爾出現的時候，也多半是負面的，這是實話。即使這樣，或者說，愈是這樣，我們愈是在國外和朋友聚會時，談到我們所來自的台灣，總要加些正面的形容詞。

這次在台灣看奧運時，看到舉重選手許淑淨挺舉一百一十二公斤成功時，我們的激動和驕傲感，和看到Michael Phelps獲得二十三面金牌，創下奧運的歷史紀錄時，那種感覺是非常不同的。

我想總觀效應在我們身上清楚的感受到，我們來自這塊土地，愛這塊土地與在上面生活的人，站在遠處所帶來的觀點和對台灣更深一層的責任感，是驅使我們寫這一本書的動機。

我的觀點不同，而這個不同，是很有價值的。原因是有許多我提出的問題和對問題的看法，是身在其中的人看不見或是無法理解的，它的來源是總觀效應。看不見或不理解並不代表問題不存在，它代表的是問題得不到重視，更得不到解決。

一個新鮮的、來自外部的角度，其價值就在這裏。我在書裏提到的觀點，如果你覺得驚訝，請不要自動排斥，因為**我提出的觀點、方式和作法，都是有科學和事實實證支持的**，如果你連嘗試去了解、接受，或者試做看看都不肯，那你就是還在用同一套舊方法解決舊問題。問題是，舊方法如果可以解決舊問題，那問題老早就解決了。

去除優越偏見

Neil deGrasse Tyson是美國著名的天文物理學家，他在二〇一五年五月受邀到麻州大學Amherst分校畢業典禮對畢業生演講，那個演講不但幽默風趣，而且發人深省，後來在網路上流傳，受到相當的注目。其中有幾段話，我覺得值得我們深思。

他說，「**在自由社會裏最危險的人不是那些不知道的人，……而是不知道、卻以為知道的人，那是很危險的。**」他提到的現象就是社會心理學所說的優越偏見（Superiority Biases），意思是說一般人常會在與別人比較時，偏向於以為自己比別人強，比別人有知識等，事實上這是一種優越情結，也是一種誤判。

Tyson說，「無知是具傳染性的，……如果沒有具正確知識的公民，民主根本是不可能的。」如果父母能不相信怪力亂神，摒棄民粹和網路上亂傳的「知識」（有時候連作者的名字都沒有），不要人云亦云，不要跟別人一起起哄，培養科學知識和獨立判斷力，那你的下一代會很有希望。

你不必主修科學，但是做為一個現代人，你不能不了解科學的重要性。Tyson說得好，「**整個人類文明的進展全靠創新和科技——這些是科學研究的結果。……人類的生存和進步全依賴科學。**如果選擇忽略科學，我們就會自食惡果。」父母和年輕人們，你（小孩）的前途仰賴你是否能抓住科學，用理性判斷，為未來做出最好的抉擇和安排。

Tyson說，「你的學業成績、GPA等，很快就會變得無關緊要。」在台灣，我可以說，許多父母和年輕人有的是隧道視野（Tunnel Vision），看到的視線很短，是不遠的未來，視野很窄。對長程未來的忽略，造成汲汲營營於眼前的小事——卻造成未來的大失血。

有太多太多的成功人士都是在校成績不好的人，這些人後來會成功，並不代表他們在學生年代是茅塞未開，起步比別人晚。不，把你的優越情結眼鏡拿掉，這些成功人士在學生時代絕大多數都是野心勃勃，知道自己在做什麼的人。他們學業不好，不是頭腦不好，而是他們知道自己有更重要的承擔和更遠的目標，不屑花過多的時間在意義不大的事情上。

知識的詛咒

一九九〇年，史丹佛大學的博士生Elizabeth Newton，做了一個後來變成很有名的實驗。她把受測者分成兩組，分別是打拍子的人（Tappers），以及聆聽的人（Listeners）。研究人員要求打拍子的人自己在腦袋想一首歌或曲子，然後不要唱出來，只要用手在桌上按照歌曲的節奏打拍子。聽的人則仔細傾聽拍子之後，想辦法猜出打拍子的人腦裏的那首歌究竟是什麼。

打拍子的人認為聽的人有百分之五十的機會猜出歌名。但實驗結果令人訝異，只有百分之二點五的人正確猜出是哪首曲子。也就是說，打拍子的人的判斷，誤差了有二十倍之多！

Newton認為，原因是打拍子的人腦中有歌曲的旋律和節拍，他一面拍的時候，大腦一面在播放這首歌曲，只是聽的人聽不到。聽拍認曲的人看到的是打拍子的人搖頭晃腦的打著拍子，聽到的是一連串斷斷續續的聲響，這些聲音對聽的人來說，是沒有什麼意義的，要把拍桌子的節奏和一首曲子連在一起，難度是很高的。

但是打拍子的人有歌曲的伴奏，根本不了解聽的人是什麼狀況，學者把這種現象叫做「知識的詛咒」（Curse of Knowledge）。

前述狀況基本上說的是溝通的問題，我們經常在和別人談話時，陷入一種類似雞同鴨講的狀況。雞同鴨講的情形有兩種，第一種是雙方都覺得聽不懂對方想表達什麼，也知道自己說的對方聽不懂或不想聽懂。

另一種狀況則是雙方溝通無礙，互相認為對方都聽得很清楚。但是事實上還是各說各話，自己想自己的，結果還是一樣的雞同鴨講。舉例來說，我們有時候會在電話裏給別人電子郵箱的地址，比如說數字四，常被誤聽為十；數字七，常被誤聽為一。英文字母就更容易混淆了，S和X、D和T、B和P，都非常容易聽錯。常常甲說X，乙重複一遍S，甲說對，這一類的謬誤天天在發生。兩邊都複誦了一遍確認無誤，但是掛了電話之後，電話很快又會響起：「怎麼郵件被退回來了，你剛剛給我的電郵有問題。……」

這種情況經常在發生，有時候甚至造成不幸的後果。二〇一一年八月發生的台大誤植愛滋病患器官至五位病人身上，發生的原因就在於電話口述傳達發生錯誤，不知是說錯還是聽錯，誤把陽性（Reactive）當成非陽性（Non-reactive），結果發生憾事。

當然，這裏講的，是溝通的陷阱，但並非知識的詛咒。知識的詛咒是心理學界定的一種認知偏見，指的是溝通對象雙方有知識上的差距，一方無法知道不具有這些知識背景的人會無法理解他欲表達的內容，以致在溝通上產生問題。

知識的詛咒最典型的情況發生在教室裏，老師口沫橫飛，連講了一個小時，底下大部分的學生則完全聽不懂老師在說什麼。這種現象在小學、中學、大學，甚至研究所的課程都經常在發生。

這個現象說明了一件事，那就是最好的老師不見得是學問最淵博的大師，而是能夠和學生站在同一個位置——知識水平的位置和學習心理的位置——把困難概念解釋得清楚的老師。換句話說，好的老師要知道學生的程度，他們懂什麼、不懂什麼，用什麼樣的方式來解說，他們可以聽得懂。這是選擇老師非常重要的一點，一般所謂的「名師」，並不見得適合自己的情況，一味的追求「名師」或「大師」，恐怕只會得到反效果。

這讓我想到一件事，投資大師巴菲特（Warren Buffett）每年都會有一個公益募款活動，巴菲特把自己的時間上網拍賣，想和他見面吃飯的人一起來競標，出最多錢的人享有和他共進午餐，親炙這位投資大師的機會。

二〇一六年得標者是一位匿名人士，他或她花了美金三百四十五萬元，得到一個非常難得直接向巴菲特當面討教的機會。這當然是一件很棒的事，但是得標的人如果是要向他問明牌，Berkshire Hathaway公司每年的年度報告裏說的比他口頭報告清楚。

如果要問出他成功的訣竅，在投資專業上，巴菲特已經在心理學所說的「四個能力階段」（Four Stages of Competence）的頂階，可能就會碰到知識的詛咒的問題。所以到最後，頂多就是閒聊一場，但巴菲特把收益捐做公益，自然是美事一樁。得標的人或許把合照拿來宣傳之用，這又是另一回事了。

甘地的原則

說到這裏，請容我和你分享一個小故事，這個故事和印度開國之父甘地（Mahatma Gandhi）有關。話說有一位媽媽非常景仰甘地，想到或許甘地可以幫忙解決一個困擾她很久的問題——她的小孩愛吃糖。她於是帶著小孩去找甘地，等了許久，終於有面見甘地的機會，婦人拎著小孩，傾訴小孩愛吃糖，怎麼說都不聽，希望能藉甘地的權威，請他勸誡小孩不要再吃糖了。甘地聽了她的傾訴之後，低頭想了一下，也沒多說，就請婦人回去，兩個禮拜之後再來。

婦人不知原由，也不敢多問，帶著小孩就回去了。兩個禮拜之後，婦人又帶著小孩回去找甘地，這回還是等了許久，見到甘地之後，甘地把小孩子叫到面前，告訴他以後不要再吃糖了，婦人很高興小孩能得到甘地的教誨。但是她也好奇，既然只是一句話，為什麼兩個禮拜之前，甘地不直接對她的小孩說了，還要她兩個禮拜之後再來？婦人鼓起勇氣問甘地為什麼這麼做，甘地也很乾脆的回答。他說，「因為兩週前我自己正在吃糖，我總要先把糖戒了，才能告訴妳的小孩不要吃糖。」

考量最多數讀者

剛剛說了兩個故事，一個是甘地的故事，另一個是知識的詛咒。說這兩個故事，我有兩個理由：第一，提甘地的故事，並非自比甘地，我想說的是我在這本書提到的所有觀念和作法，我們都是在家裏教小孩身體力行。有很多人來問我們小孩是怎麼教的，這本書提到的作法基本上是對這個問題給一個清楚的回答。

第二，我提到知識的詛咒，有以下幾個原因：

1. 家長了解到這個現象的存在之後，**在對小孩解釋事物時，一方面不要低估他的能力，一方面要用他聽得懂的方式說給他聽。**

2. 在幫小孩找老師時，不要迷信名師，要找最適合小孩的老師，最會以深入淺出的方式教學的老師。這樣的老師，需要有某種程度的天份，並不容易找，但是了解了知識的詛咒的道理之後，至少你知道自己在找什麼。

3. 我很清楚知識的詛咒的存在，因此我在寫書或傳達某些觀念時，希望能做到周全以及兼顧不同程度和需求的讀者，盡量的明白曉暢，條理清晰。因此在說明或討論時，我總是由最基本的層面出發，不假設讀者有預先的準備。對某些人來說，可能會覺得繁複和多嘴。如果這種情形發生，請體諒其他讀者可能需要我說得更淺顯明白。站在我的角度，我希望每位讀者都能夠看清楚我到底在說些什麼。

Robert Noyce是積體電路（IC）的發明人之一，也是英特爾公司的創辦人，是矽谷之所以為矽谷最重要的先趨人物之一。他在生前最後一次的訪談中，被問到如果他是美國「皇帝」的話，他會做些什麼事？他回答的其中一件事是「**為確保我們下一代在科技時代裏能發光發熱做準備**」。

這真是一句非常睿智的話，Robert Noyce在矽谷的繼起者可以說是英雄輩出，後繼有人，他們為因應科技的浪潮做了許許多多教育下一代的工作，以確保美國在科技新時代繼續保持領先的地位。我們所推動的Hour of Code（一小時學電腦程式）就是一個很明顯的例子。

反觀自己，在最起碼確保我們的下一代能在高科技的世界裏生存這件事，我們做了什麼？如果我們不能以最謙卑的心態，先蹲下自省，想清楚後，再義無反顧的躍上這班列車，那不客氣的說，在全球競爭的態勢下，我們只會比現在更落後，我們的下一代也只會比現在更辛苦。

嚴管勤練未必最有成就

二〇〇八年，《紐約客》的專欄作家Malcolm Gladwell寫了一本書，書名叫《異數：超凡與平凡的界線在哪？》（*Outliers: The Story of Success*），書出版之後，不但造成輿論話題，更長期在《紐約時報》暢銷書排行榜佔有一席之地。Gladwell在書裏說，一般人認為極端成功的人，不是特別聰明，就是企圖心異於常人。但是他研究的結果，卻得到不同的結論。他的研究告訴他，任何人要成為某一行的專家，必需要花上一萬個小時的專心練習。比如說小孩子學小提琴，每天練習四個小時，一週五天，每週累積至少練習二十個小時，這樣日復一日，從不間斷，那要十年的苦工，可以成為小提琴家。

二〇一一年，耶魯大學的法律系教授Amy Chua（蔡美兒）寫了一本《虎媽的戰歌》，將她嚴厲到不近人情的教養方式公諸於世。這本書出版後造成媒體上各界對家庭教養問題的熱烈討論，甚至論戰，最後對於什麼方式是教養子女最有效的方法，雖然沒有結論，但「不打不成器」，嚴格的教養是有效的，幾乎可以說是社會的共識。一時之間虎媽、鷹爸的教養法紛紛問世，許多家長堅信，只有嚴格教養與強大壓力的方式，小孩才能升上最好的學校，出了社會才會有更好的工作、更多的機會，最後才會有更大的成就。

真的是這樣嗎？統計數字告訴我們完全不是如此。如果真是這樣，那全世界管教最嚴格的社會應該出現最多的人才，但是事實不是如此。單就我們的社會來看，我們不缺嚴格的父母，但棒下或逼迫式的管教方式下教出了多少人才？

結果大家都很清楚。如果嚴教、嚴管、勤練是最好的方式，那在球場上練習最多的球隊就應該所向披靡無敵手才對，不是嗎？

看看每年NBA總冠軍和棒球大聯盟世界冠軍的球隊，如果他們有什麼奪冠的秘密，那絕對不是什麼治軍嚴格，或是什麼魔鬼訓練。一言以蔽之，這些方式老早已經落伍，看過《魔球》（*Moneyball*）這本書或同名電影的人都知道，新的贏球方式是用統計數字來找到最合適的選手，二〇〇四年的波士頓紅襪隊靠這套方式贏了睽違八十六年之久的世界冠軍。

這幾年統計的運用在大聯盟球賽愈來愈專精，球賽裏三壘手在某些左打選手打擊時，直接站在靠近二壘壘包處，游擊手移到二壘和一壘之間，當起二壘手來，二壘手退到右外野淺處，右外野手和一壘手則站在右邊邊線處，這種守備陣式的改變集重兵在右邊，左邊唱空城計，只要球打到左邊，隨便怎麼打都會是安打，但是就算防守陣式擺明了棄左守右，可是打者球就是打不到左邊去，為什麼？

因為統計數字長年記錄每一位選手打擊的每一顆球，某人如何揮棒，什麼球會打，什麼球不會打，打出去球的角度、落點、距離，強度，每一個動作全部化為數字，進到電腦裏。當他打擊時，電腦告訴你他會把球打到哪裏，你到那裏去，就可以等到他的球。

波士頓紅襪隊的強打David Ortiz（外號老爹）就曾經被多倫多藍鳥隊用這個方式伺候，連續十三次打擊交白卷，其中有三次本來是安打的球，結果因為防守球員移動站的位置，變成出局。這，就是科技的威力。這也就是現在球隊靠科學、科技在贏球的明證。

科學驗證的新教養法

同樣的道理，教養新的一代，過去那一套焚膏繼晷、懸梁刺股的苦學法，或者是玉不琢不成器、棒下出孝子的管教方式，老早就該下檔；但是許多父母還信守不渝，還相信土法可以煉成鋼，只要功夫夠，鐵杵也可以磨成針。

腦神經科學、行為心理學和科學已經告訴我們許多有關養成孩子的自我動機、習慣、失敗與成功、自我學習、分享、分工、社交力、創造力等重要課題的科學結論，但多數父母還是用他們自己被帶大的那一套方法在教自己的小孩。問題是，你的小孩需要面對的未來科技世界和你的世界很不同，那個世界有新的秩序，需要不同的能力和技術。

父母可以不改變自己固有的思想和作法，但不能不知道的是，有許多人已經在用科學證實的新方法在教養小孩，他們老早已經悄悄跑到前面很遠的地方去了。

在這本書，我嘗試向父母們說明**科學證實的教養作法，我相信我提到的這些新的方式和新的觀念會帶給父母無比的威力**，但前提是，你必須放下成見，帶著一顆不預設立場的空白心境來閱讀這本書，如果能這樣，我保證的回報是這本書會讓你仔細思考你該怎麼做。

My Voice（我的聲音）

我在上國中剛開始學英文之後，偶然讀到一篇文章，那篇文章內容是什麼，是誰寫的，我已經不復記憶，只記得作者說的一件事：學英文不要用中英對照的字典，要用英英字典，也就是說要學習用英文解釋英文的單字。我信了他，同時讀到林語堂推薦H. W. Fowler編的《袖珍牛津字典》，我馬上跑出去買了那部字典，每天抓在手上把玩和閱讀，很快的，我幾乎把那大半本字典全部吞下肚。

從那個時候開始，我從不看翻譯的書，都是找原文書來讀，看電影也從不看中文字幕，到了高中，別人在讀中英對照的刪節本小說時，我已經老早讀完《戰爭與和平》、《白鯨記》、《紅字》、《傲慢與偏見》……等等，許多大家耳熟能詳的大部頭英文原著。

自國中開始，我的中文和英文的學習完全脫鉤，直到大學上翻譯課才學中翻英、英翻中。我從小看一堆中文書，連違禁的大陸作家作品都看，中文和英文的對譯難不倒我，馬莊穆（John McLellan）老師給了我全班最高的九十八分，可惜當完兵出了國之後，碰中文看中文書的機會變得很少。研究所畢業、出了學校之後就業和創業，也沒有機會使用中文。在蓋房子期間，有一次和我父親交談時，還把3／4吋（three quarters of an inch）說成三分之四吋。

我的思考方式已經變成全英文式的思考，英文的思考方式使得我在寫作或表達的時候，還是慣用英文，要寫中文的時候，我通常先用英文寫個大綱，決定要談的大致方向和重點，下筆時先在電腦上用英文寫出來，然後再把英文的思路用中文寫一遍。

我在寫中文的時候，有時會衍生出新的想法，那就繼續用中文寫，碰到一些詞或找不到正確的中文詞彙時，我就把英文留在中文裏面，於是變得有時候會出現中英夾雜的狀況，這不是很理想，因為我實在不喜歡中文裏夾雜英文，但是抽掉那些英文，我想表達的意思就不到位，為了保留原意，這也是沒有辦法的事。這和用中文寫作、中文思考，然後加些英文點綴的情形完全不同，這是我要請讀者見諒的事。

後來讀到日本小說家村上春樹在他的自傳《身為職業小說家》提到他是怎麼開始寫小說的。他說有一回在看棒球賽時，打者擊出二壘安打，球棒打到球時發出清脆悅耳的聲響，響徹神宮球場，而這聲響也好像打中了他的心靈，好似有一個聲音在告訴他，對了，

「說不定我也可以寫小說」。

他馬上跑回家開始寫起小說來，但是他沒有看過太多日文小說，也不知道怎麼寫小說，寫了好幾個月寫不出來。這時他突然想到，他讀過許多英文小說，何不用英文寫寫看；但是以他的英文程度，只能用簡單的文字表達，不過這樣反而有個好處，因為文字簡單，再由英文轉譯成日文時，反而發展出獨特而簡潔的文體。

或許我和他使用英文寫作的出發點不同，但由英文寫作，再轉回中（日）文，是很有趣的雷同。對我來說，這是最自然而有效率的方式，雖然要寫兩遍怎麼看都不能說有效率，但比起來來回回怎麼寫都不順，確實快多了。

交代了我求學過程中學習中英文的始末，主要是要向讀者說明，如果讀我的文字，有時候覺得像是在看翻譯，那是因為有部分文字確實是翻譯的，雖然不是直接翻譯，但是思考模式是英文的。翻譯的不是別人的文章，而是我先用英文寫出來，再用中文寫一遍；那是我覺得對我來說，最自然的寫作方式，我在乎的不是用哪個語言表達，而是我想要傳達的思想和觀念，那才是我希望讀者集中注意力去獲取的東西。

因為擔心讀者覺得突兀，因此在此處特別畫蛇添足的說明背景原因。另外，因為我研究的資料、閱讀的書籍和期刊，全部都是英文的，我的經歷大部分以美國的科技與商業、教育發展為主，因此所舉的例子偏向西方世界，也在此處一併說明。

中文翻譯說明

關於書中提到或用到的英文字，主要是專有名詞或為了準確傳達所必需，在可能的範圍內，我盡量提供中文的意思，但因為我無閱讀專業中文資料的習慣，並不知道許多專有名詞約定俗成的中文用辭，這包括教育、心理、哲學、電腦、科技、腦神經科學，也包括文學、電影等用詞，特別是書名、電影名、人名等翻譯名稱。

我的作法是直接寫成中文，雖然有時欠缺優美，但這樣最能保存原文的意思，而那是我認為比較重要的。事實上，許多專有名詞或名稱的中譯不但拗口，而且拐彎抹角，原意盡失，雖然大家都這樣用，我並不敢苟同。

但如果意譯得不好，責任在我，還請原諒。我的藉口是，要精確的表達自己的意思，需要思前想後，字斟句酌，經常還沒法說清楚，把意思傳達得沒有誤解，更何況是把別人講的話跨過兩種語言，翻譯成本國文字，這絕對是一件吃力不討好，而且懂或不懂的每個人都有不同意見的事。

所以雖然我只讀過日文翻譯成中文的翻譯書，對一般翻譯作品的品質，只有非常粗略的印象，但我對譯者還是充滿了敬意。雖然我始終不免會在想，夏目漱石、川端康成，或村上春樹，他們真正的面貌和口氣真的是如中文翻譯所詮釋的那樣嗎？

「我」和「我們」的用法

我們在書中自稱時使用「我」，有時候也會使用「我們」，事實上代表的是同一個意思。如果要特意分明，通常在談到個人經驗時，會選擇使用「我」表示個人的經驗，使用「我們」則表示兩位作者共同之經驗。「我」和「我們」的互用，應不致造成閱讀時的困擾，在此特別說明一下。

書裏提到讀者或小孩時，我們會使用「你」、「你的小孩」、「他」、「他們」，而未用「妳」、「妳的小孩」、「她」、「她們」，我們其實指的是包括男性與女性在內的讀者，之所以用男性的代名詞，原因是缺乏一個更精確、可同時代表兩性的字。許多英文著作在提到單數的「他」或「她」，也有同樣的困擾，有些作者會從頭到尾使用she或he其中一種，也有人she和he在書中互換使用。我們在沒有任何特殊理由下，選擇使用男性的「你」和「他」，但是心裏設想的讀者永遠包含女性和男性，也在此一併說明。

導論

我之所以會談這些題目，原因有二。

第一，我們經常在與家長的交談中被問到一些重覆的問題，聽的次數愈多，表示這是父母最關心的，或是最困擾的問題。

第二，另外有些問題沒有人問到，多少表示許多家長或年輕人忽略了這些重要的問題。這兩個因素結合在一起，就是這本書所談的題目。

前面說過，**書裏提到的作法，都是我們親自實施過的，是確實可行的，只要家長相信，這些作法會造就小孩強大的威力。**

我在本套書第二冊《未來最好的學校：新世代全才教育與創業訓練》曾經說過，我們在實驗教學裏碰到最大的問題是，小孩子在傳統的教育方式底下，養成出一種「只做你教我的」的習慣，當我們要求他們自己發揮創造力時，有許多學生常常瞪著老師，不知道要怎麼去思考。

偏偏我們教的都不是一個口令，一個動作的事，而是需要學生有自己的想法，說自己想說的故事。這時候學生就會卡在那裏。

問題是，要在未來的社會生存，每個人都要有創造力。以前的社會，很多事情都是長年不變，許多工作甚至不要工作者有創意，免得徒生麻煩。但是未來社會裏，許多事情都是全新的、第一次碰到的，在無前例可循的狀況下，工作者就必須要有解決的辦法，創意、創新、創造力就變得很重要。因此這本書第一部分的第一章就是談如何訓練小孩的創造力。

第二章談自學（Self-Learning）。傳統教育最大的問題是採用餵食法，也就是填鴨式的教育。大家都知道填鴨教育不好，但這種填塞法從來沒有停過。我們指出許多有成就的人，他們最大的特色之一就是早早就輟學，離開學校的原因不一，但有一點不變，就是他們停止了學校教育，但是從來沒有停止過學習。他們知道，學習不一定要在學校發生，有些人甚至認為，離開學校，他們才能真正開始學習。

第三章我們由無私的分享（Sharing）談到小孩子社交生活的重要性。我們由說明人類的群性大腦（Social Brain）出發，談到小孩子如何由同儕合作（Collaboration），透過同儕學習（Peer-to-Peer Learning）的機會，學會如何領導，如何被他人領導，並且讓自己的學習更深入，對團體及整個社會的貢獻更大。

我們在第二部分談大腦和行為的相關性，深入探討怎麼讓小孩具自我動機，他能自己驅動自己，追求他的熱情，是父母夢寐以求的事。但是許多父母的行為，其實是反大腦學習的，是撲滅學習動機的作法。我們在第四章裏談到什麼是內在動機（Intrinsic Motivation）和外在動機（Extrinsic Motivation），以及培養動機的作法。

父母最常說的問題是常常需要催促小孩，他才有辦法去做他的事，有時候甚至催也催不動。小孩子如果不能有愛好學習的熱情，不能自己找解答，那在學習上已經出了問題。如何自學和如何養成他們的自我動機（Self-Motivation）是息息相關的。

和大腦及行為相關的議題，除了學習動機之外，還有「習慣」（habit）這個大題目。想要改變什麼壞習慣，如果不知道大腦是怎麼運作的，習慣在大腦內是怎麼形成的，那根本無法改變習慣。就像減重一樣，舊的壞習慣是會復發的（relapse），一旦復發，前面的努力都是白費的。

單純的靠意志力可以暫時壓下壞習慣，但幾乎保證一定會復發。如果你了解大腦是怎麼看待習慣的，你就會知道怎麼對付壞習慣，永遠的去除惡習。我們每一個人可能都有想要去除的壞習慣，父母對孩子的某些習慣可能已經忍受許久，要怎麼幫助他，第五章有詳細的作法。

接著在第三部分，我談到電腦。電腦可能是父母和小孩情結最深的一樣產品。我是指它常是家長和子女衝突或爭執的來源，是除了手機之外，家長最煩惱的一樣東西。但是另一方面來說，電腦是科技時代裏打開知識和訊息大門的鎖匙，對父母來說，可能被視為一項必要之惡（necessary evil）。

父母最關心、最常問的三個問題，我在這一部分做了完整的回答。這幾個問題看似簡單，其實牽涉很深，難怪父母沒有辦法想清楚，變成一個令人非常困惑的問題。因為困惑和恐懼，有些人乾脆直接禁止孩子接觸電腦或是嚴格限制小孩在電腦上的活動，**這會嚴重影響小孩在未來世界的生存能力，是非常不智的。**

這三個問題分別是：一、要不要買電腦給小孩？二、用電腦會傷害小孩眼睛怎麼辦？三、小孩沉溺在電玩或電腦裏，怎麼辦？

在第六章，我回答了第一個問題。美國許多州教育局和學區（school districts）有一個口號叫1：1，這不是指老師和學生的比例是一比一。這個意思是說學校爭取經費，發給每個學生一部電腦。當然這是經費比較不足或人數太多的地方才有的問題，經費比較充裕的地區，多年以前老早就實現1：1了。事實上，許多地方發給學生電腦或平板根本是多餘的，因為學生多半老早有自己的電腦了。

我最小的兒子安心在校時，學校在學期前送來的設備清單，我們每年都在電腦需求那一欄勾選「不需要」，因為我們自己已經有了，就讓學校把電腦發給需要的人。更何況，現在的小孩對電腦的了解很深，安心的桌上型電腦是從小跟在哥哥旁邊當徒弟時自己組裝起來的，他組裝的電腦至少超過數十部，去年夏天還開了一班電腦組裝的課程，是學生最信賴歡迎的老師之一。

安心的手提電腦則是Mac的系統，當年比爾蓋茲（Bill Gates）和賈伯斯（Steve Jobs）的對抗局面（rivalry）造成了今天兩種截然不同，也完全不相容（non-compatible）的系統。這對寫程式的開發者或者是消費者來講，都是很不便利的事。特別是開發的人或者是重度電腦的使用者，要同時開發兩種系統的程式是很煩人的事。

但是從另一個角度來看，世界上只有一種系統，失去了競爭，失去了變化，也太單調了一些，就像電力公司或電視頻道公司，如果只有一家獨佔，通常服務和產品都很差，這就是競爭的好處。

接著在第七章，談到使用電腦是否會傷害視力，回答了父母有關電腦最關心的第二個問題。這個問題，不是眼科醫生最清楚嗎？這件事不只牽涉到眼睛，也涉及電腦，如果對電腦螢幕發光原理或構造不熟的人，可能也不見得很清楚。就像幾天前我和我的小兒子安心聊到究竟戴耳機聽音樂會不會傷到聽力？戴哪一種耳機有沒有差別？聲音要多小聽力才不會受損？講到後來，我說可以去問他的哥哥安祺。安心馬上回我說，哥哥又不是耳鼻喉科醫生。我馬上說，安祺不是醫生，但是他研究耳內的毛細胞（Hair Cells），他對耳朵比醫生知道的多得多。安心聽了說，對噢，我怎麼忘了？

我寫的內容，都有科學家研究的實證，其中包括調整電腦螢幕的設定，這些都不是眼科醫生的專長。事實上，我談的範圍比較廣，除了揭穿（debunk）電腦會傷害視力這個迷思之外，我還探討如何保護眼睛。

我也提到玩某些電玩遊戲反而可以增強一種叫做「反差敏感度」（Contrast

Sensitivity）的視覺辨別力。另外，視力缺乏立體感的弱視症（Amblyopia，俗稱lazy eye），就可以經由電玩遊戲治療，訓練眼睛與大腦的連結來加以改善，這是完全有科學根據的說法，在內文有詳細說明。

第八章，我回答家長關於電腦的第三個問題。這裏，我探討了最常聽到家長抱怨的問題：「小孩沉溺電玩、電腦」、「他把時間都花在臉書上」、「大半時間都在傳簡訊」、「影響功課」、「浪費時間」等。關於這個問題，我有許多經驗。它是一個包括大腦、教養，以及心理的問題，我的答案可能會讓你嚇一跳，但是諮詢過我的家長都說有效。問題是，這可能會要你改變自己的習慣以及教養的方式，成功與否，在於你是否認同這些觀念，以及能否身體力行。

本書的第四部分標題是「你以為不好的其實是好的」，這個標題是借用Steven Johnson類似的書名*Everything Bad is Good for You*（中文版書名為《開機：電視，電腦，電玩佔據生命，怎麼辦？》）。這裏我談到許多非常重要的觀念，也是家長最常誤解的事情。

第九章，我談「失敗」。這是一個大題目，也可以說是老生常談，但是大家還是對失敗究竟是什麼，它扮演的是什麼角色，缺乏真正的體會。單純會複誦「失敗為成功之母」，並不代表說的人對失敗有所了解。

我除了舉許多例子之外，也談及普林斯頓大學心理學及公共事務系教授Johannes Haushofer在網路上發表他的失敗履歷（A CV of Failure）造成轟動的故事。

我也談到史丹佛大學心理學家Kyla Haimovitz及Carol Dweck於二〇一六年六月在《心理科學》（Psychological Science）期刊發表了一篇論文，論文的題目就是他們的結論：「什麼會造成小孩具固定或成長心態？不是父母對智力的看法，而是父母對失敗的看法。」他們的理論叫成長心態（Growth Mindset），請父母特別注意這點，**一旦小孩能有成長心態，成功就在不遠處**。

第十章談到電玩遊戲。電玩遊戲經常被認為是洪水猛獸，許多小孩或年輕人喜歡玩的電玩常是製作粗劣，沒有中心思想，甚至賣弄色情的產品，這些都不是任何人應該玩的電玩，更不是我在本章所談的電腦遊戲。

我先從美國一個以遊戲為主的中學Quest to Learn講起，介紹電玩及電玩的設計如何能是一個學校的中心思想；然後我一一列舉好的電玩遊戲有什麼好處，能怎麼幫助小孩學習。

最後我也談到暴力電玩是不是和造成社會暴力事件有關，這是大眾和媒體關注的一個題目，大家也有許多誤解的地方，我有詳細的說明。

第十一章，也是本書的結尾，我談到「為什麼學業成績拿C的學生會是推動未來世界的舵手」，我舉了許許多多各行業成功人士的實例，解釋為什麼他們能反敗為勝，這種情況就好像有些運動員有的現象，就是他經常會在小比賽敗下陣來，但是碰到事關重大的大型比賽，他就變得非常專注，表現出非贏不可的認真態度，最後也都能在大賽中頻頻奪勝。

拿C的學生也類似這樣，**學業上他不見得認真，或者無法適應呆板的教育方式，卻從小追求他的熱情，最後贏得人生戰場上的勝利。**我想，這樣的題目會帶給像台灣這樣過度且錯誤的重視學業成績及考試分數的地方，一個當頭棒喝。

我們常常自豪考試成績和他國比起來，總是在領先群裏，但是為什麼我們的薪資水平、經濟、科技、科學、工程，及社會進步程度，卻落在別人之後，而且有愈差愈遠之勢。這和我們的學校和家庭教育太重視一些無意義的分數和成績，有著直接的關聯。

我們陷在這個迷思，不能自拔已經很久。每年夏天入學考試之後，媒體總要一窩蜂的報導各地考試得高分的學生，這些報導更助長強調分數的迷思，給其他學生一種暗示：這些人就是你要仿效看齊的對象，你再用功點，也可以像他一樣。

所以再多做幾個題目，多背幾個公式，多讀幾遍課本，再把筆記整理一次。下了這些功夫之後，你的分數肯定會更高。但是這對孩子的學習，能有什麼幫助？助益沒有，傷害卻很大。如果能花時間在專業的學習上，或把語言唸好（不是考試，而是真能運用），或追求某一種嗜好，人生不但更有趣，而且會更成功。你如果還陷在成績和分數的迷思裏，請好好的讀一讀這一章，我相信你會重新省思你的作法。

多年前，我們訪問華裔科學家朱棣文（Steven Chu），他說他每到考試前，就玩得更兇。大家都知道，他後來拿到諾貝爾物理獎，也當到美國能源部部長。家長和孩子都應該好好思考一下，我們要的東西真的是我們要的嗎？

PART I

21世紀最重要技能

CHAPTER 1 創造力

Modern art = I could do that + Yeah, but you didn't.

—Craig Damrauer

現代藝術＝這我也會＋對啊，但是你沒做。

—克萊格・達姆拉爾

創意（Creativity）

在太平洋西岸的密克羅尼西亞群島的淺水邊有一隻大魚，牠專靠吃小魚為生，小魚就住在淺水底部的泥巴裏，牠們從泥裏鑽出來覓食，大魚就趁小魚呼朋喚友、一起跑出來的時候，張大嘴巴把小魚一股腦兒吞到腹中。

這是大魚的如意算盤，小魚當然沒那麼笨，大魚一張開大口，牠們老早已經一哄而散，鑽回洞裏去了。大魚和小魚就這樣爾虞我詐的過著。大魚想，這樣守株待兔的老是吃不到小魚，天天餓著肚子也不是辦法，大魚天天絞盡腦汁想不出辦法來。你能幫幫牠嗎？

這是紐約The New School的心理學教授

Marcel Kinsbourne問他的學生的問題。Kinsbourne說他執教多年，那麼多的學生裏，只有一個人答了出來。

你知道答案是什麼嗎？

大魚經過幾百萬年的進化，終於悟出了解決之方。當一大群小魚從泥巴鑽出來找東西吃的時候，大魚不去驚嚇牠們，牠鑽到水底下去，用自己大大的肚子就這樣一路貼著水底的泥巴滑過去，把小魚鑽出來的洞穴全部堵死。這下子小魚回家的路沒了，大魚就可以盡情的吃盡這些小魚了。

你是不是覺得自己創意不足，創造力不夠，甚至連一條魚都不如？事實上，大魚有的是時間，牠可以花幾百萬年的時間，經過突變和進化，找出牠的生存之道。人類的祖宗也花了很長很長的時間把我們的大腦進化到成為萬物的主宰，我們有責任接下進化的火炬，繼續把人類的故事往前推進。

我們要做的一件事，這是從剛剛大魚的故事應該學到的課題，就是磨練我們的創造力，因為**我們需要創意，需要創新，才能解決我們的問題**（就像大魚解決牠的問題一樣）。

根據Kinsbourne的說法，從大魚的故事學到的就是：想要有個好主意，要先不要有壞主意。

他的意思是說，有意識的去忽略、壓抑那些容易的、顯而易見的、無效的辦法，才能讓那些不是一下就能想到的好主意浮上檯面來。把A計畫、B計畫丟到垃圾桶裏，C計畫才會跑出來。一直這樣循環下去，原來認為太困難、沒辦法解決的問題才有機會解決。

在這個不斷反覆拋棄壞主意，讓好主意浮出來的過程裏，我們還要去分析出自己做了那些錯誤的假設，因為就是這些錯誤的假設會把我們導引到錯誤的方向，讓我們離真正的解法愈來愈遠。打破了這些可能出錯的預設立場，一次次有系統的排除壞主意，再難的問題都能想出好的解決辦法。

預設立場導致錯誤假設

有時候一些預設立場是深植在傳統的文化裏，人類在考慮一些問題時，因為文化背景的關係，常常下意識的做了某些連自己都不知道的假設，要解決這樣的問題就比較難了。

在西方世界裏，文化背景是以科學實證為出發點。因此，牛頓的三大運動定律，萬有引力定律、庫倫定律、安培定律、法拉第定律等，全部都是完美的「左右對稱」的定律。左右對稱是西方科學思想根植人心的想法，所有人都認以為真，沒有人會去挑戰這個已經成為文化的一部分的真理，沒有人認為這是一個「假設」。

所以一九五五年，來自中國的科學家楊振寧和李政道提出「弱作用的宇稱不守恒」理論時，瑞士的著名物理學家Wolfgang Pauli立即反應說：「我不相信上帝是個無力的左撇子。」另一個中國科學家吳健雄在一九五六年以實驗證實了李、楊的理論是正確的，由此開啟了後來一連串「非對稱」（broken symmetry）的研究。

宇稱不守恆的問題需要來自東方文化的科學家才得以解決，這和西方文化的對稱思維根深柢固、牢不可破可能有關。在日本的一座佛寺裏，整面牆擺滿了相同的佛像，千尊佛裏有一尊是倒過來的，這說明了東方的文化思維是不相信完美，甚至擁抱殘缺。楊、李的諾貝爾獎，以及二〇〇八年日本科學家南部陽一郎、小林誠、益川敏英以「自發對稱性破缺」也得到諾貝爾獎，就是最好的註解。

Bryan W. Mattimore在他的書《想法衝擊者》（*Idea Stormers*）裏也提到要激起創意，想出好主意，要去挑戰我們所做的假設。把所有的假設都列出來，一一去質疑它們，排除這些錯誤的假設就會產生出其不意的創意。

如果我問你歷史上最有創造力的人是誰，可能不需要問幾個人，就會有人提到發明家愛迪生。愛迪生的實驗室僱用了許多人，愛迪生在僱用研究助理之前，會請求職者喝一碗湯，如果這位求職者還沒開始喝，就先往湯裏加調味料，愛迪生就不會僱用他。

愛迪生的理由是，會預設立場的人不會是一個好的研究者，求職者如果連湯都還沒試過，就「假設」湯味道太淡或者不適合他的口味，想都不想的加進調味料，這種人不會是他要僱用的人。

這個故事的教訓是，不要亂做假設，更不要自己做了假設還不知道，像那些沒被僱用還不知道為什麼的人一樣。

Mattimore也說，一些不相干的、甚至隨機的題材，想辦法把它們搭配在一起，創意就會浮現。這和愛因斯坦的說法不謀而和，愛因斯坦說，所謂新的主意就是原來已經存在的想法，加入一些東西，或修改一下可得。

美國萊斯大學（Rice University）的學者研究發現，創造力最高的時候，發生在一個人正面情緒和負面情緒都高漲的情況，這種狀態叫做Dual Tuning（雙重調整）。這是個非常有趣的發現，因為我們知道正面情緒——如熱情、興奮、快樂等——有助創意，這合乎常理。

不容易理解的是負面情緒——如憤怒、憎恨、悲傷、失望等——也能幫助創造力的產生，這違反常識。但是必須要注意的是，單獨的負面情緒對創意無助，必須是負面與正面情緒互動激盪，亦即Dual Tuning的作用下，才會讓創造力達到高點。所以下次你正反面情緒都充沛的時候，趕快試試看有沒有新的創意跑出來。

走路有助創意

走路是很平凡的事，但是對從事創造工作的人來說，走路可是一件大事。寫《湖邊散記》的大作家亨利．大衛．梭羅曾說過：「我的腳移動的時候，我的思想也開始流動。」——大詩人華茲華斯（William Wordsworth）喜歡爬山和在森林裏漫步，也喜歡在大馬路上散步，Thomas DeQuincey估計詩人一輩子大概走了十八萬哩路，計算下來，等於從五歲開始到死，每天要走上六點五哩的路！

一直到史丹佛大學教育學院的教授Daniel Schuartz和他的學生Marily Oppezzo發表在

《實驗心理學期刊》（the Journal of Experimental Psychology）的論文，才首次給了「走路刺激創造力」這件事一個科學的證據。他們發現，相對於坐著，走路增加了百分之六十的創造力。他們還發現，包括了戶外及室內（比如說在跑步機上走）的走動，效果都一樣。

許多的實驗證實有氧式的走路（Aerobic Walking）可以幫助大腦的認知功能，但Schuartz和Oppezzo的實驗首次證明非有氧的走路（Non-aerobic Walking）有助創意的產生；而且他們發現，這種高創意的狀態在走完路坐下之後還能持續。

學者解釋腳和腦的連結可能來自於走路時，心跳加快，心臟像幫浦一樣，把更多的血液打到大腦，使得大腦創意如泉水般源源不絕的湧出。另外有學者由進化論來解釋走路和創意的關係。他們認為人類的始祖為了生存，必須不斷走路，以尋找食物和棲息之所，在走路當中，必須想出辦法征服獵物或解決問題。這個習慣一直傳到現代人身上，所以人類還是渴望用雙腳去接近大自然，在走路當中尋求答案。我有一次在Palo Alto街上看到賈伯斯牽著狗散步走過，想必他有很多創意都是在走路散步中產生的。

減法創意

另一個能不斷產生好主意的方法叫做「減法創意」（Creativity by Subtraction）。我有一次請人推薦一家餐廳，有一位熱心的朋友給了我一串名單，裏面列了十來家餐廳，我不知道選哪一家好，就一家一家的上網去看看，十多家餐廳都看完之後，我還是拿不定主意。我們的生活不是經常如此嗎？有時候太多的選擇等於沒有選擇。創意也是如此，太多的創意，讓我們舉棋不定，僵在那裏，動彈不得。

「減法創意」的原則是給自己某些限制，這聽起來好像相當矛盾，但不是這樣的，當我們壓抑創意橫衝直撞的亂飛，給自己某些條件，反而讓創意得到更大的自由度。舉個例子，Austin Kleen在他的書《點子都是偷來的》（*Steal like an Artist*）提到一個我覺得很棒的例子。他說，蘇斯博士（Dr. Seuss）寫《戴帽子的貓》（*The Cat In the Hat*），只用了二百三十六個不同的字。他的編輯和他打賭，他一定沒法只用五十個不同的字寫一本書。

蘇斯博士沒和他多說，只用了五十個不同的字，寫了《火腿加綠蛋》（*Green Eggs and Ham*），這本書是有史以來最暢銷的童書之一。如果你不知道蘇斯博士是誰，原諒我忍不住要談他。蘇斯博士是一位童書作者，也是我的小孩最喜歡的作家之一，他們幾乎是抱著蘇斯博士的書長大的，他的每一本書我的小孩都可以琅琅上口。

他用的字都很簡單，但是簡單的幾個字彎來繞去，巧妙的重複，是小小孩學單字和學口語最好的工具，因為他的書一點都不枯燥，成千上萬的孩子都是由他的書啟蒙的。他應該是全球最暢銷的童書作家，在他一九九一年去世的時候，他的書已經被翻譯成二十種語言，銷量超過六億本。他的創造力，他的影響力，我認為足以拿好幾個諾貝爾獎。蘇斯博士可以說是減法創意的代表人物。現在，你可以試試看只用白色顏料在白紙上畫出一張很棒的作品嗎？

心理距離及抽象的思考

心理學上有個理論叫Construal Level Theory of Psychological Distance（心理距離的解釋層次理論），這個理論的意思是說，發想時保持一種心理距離，以較為抽象的方式思考，可以比較有創意。

舉個例子來說，一個在準備婚禮的女孩，如果婚禮的日子是在一年之後，那麼她對婚禮會有許多想像。她可能會發揮狂想，想在海邊、教堂、高山上、度假勝地，甚至雪山中、海底舉行婚禮。這還只是婚禮儀式的地點，其他如餐點、舞會、禮物等，她有想不完的事，發揮不盡的創意。

但是如果婚禮是在下個星期，她的想頭可能是婚禮當天的程序，幾點幾分做什麼等等細節。在關注這些細節時，心理距離沒了，創意也會悄悄躲了起來。所以想要有創意，保持心理距離，以抽象的思考法，不要受細節拘束，這是這個理論的重點。

幫別人做決定或解決問題

另一件相關的事，要想有創意，不要為自己想，要為別人想，這是什麼道理？

紐約大學教授Evan Polman想知道當我們在幫別人做決定或解決問題時，是否會比在處理自己的事情時，更具有創意？他做了四個實驗來證明他的假設是否成立。

第一個實驗，他邀請受測對象為自己所寫的科幻故事創造出外星人的樣子，他隨後又請受測者在為別人所寫的科幻故事畫出外星人角色的樣子。實驗結果發現，受測人一致地在為別人創作時顯現出比為自己創作時具有更多的創意。

第二和第三個實驗，Polman稱實驗2a和2b，則是「心理距離」是否成立的問題。他的結論是受測者在為別人設想時能有更多的創意，別人和受測者的關係愈疏遠，創意就愈豐富；關係近一點，則創意稍減；是自己事情的時候，創意則最少。

第四個實驗的結論則是為他人解決問題比為自己解決問題時，受測者明顯的動機增強，解決問題的主意也更多。

這個實驗是這樣的：Polman把一百三十七個學生分成兩組，然後問他們一個問題：「獄中的囚犯想要越獄，他找到一條繩子，但長度只有囚室到地上的一半長。他把繩子切成兩半段，綁在一起，靠這條繩子越獄成功。他是怎麼辦到的？」他要求一組學生把自己想成要越獄的囚犯，另一組學生則是為不相干的囚犯找越獄的辦法。結果第一組有不到一半（百分之四十八）的人找到正確的解法，第二組人——幫別人想方設法的那一組人——則有三分之二（百分之六十六）的人解出了這個謎題。

一家商業顧問公司的執行長Lisa Bodell為她的客戶設計了一個創意遊戲，叫做「謀殺這家公司」（Kill the Company）。她要來上課的客戶們假想出一家自己公司的競爭者，這個假設的競爭者和他們公司的條件完全一樣，一樣的優點、缺點、一樣的市場等等。然後她要求學生在紙上把所有可以讓這家競爭者淘汰的辦法列出來。Bodell說這個遊戲幫助這些公司看清自己的強項和弱處，等他們玩完這個謀殺公司的遊戲回去後，更知道怎麼強化自己的公司。

Bodell說，善用「心理距離」和「抽象思考」可以讓我們有意想不到的好注意蹦出來。有些藝術家了解這個撇步，他們常常在創作時，把自己想成是另一個藝術家，他們宣稱這樣讓他們產生更多靈感。當我們化身成不同的角色，由不同的角度、不同的視野來看問題，常會有雨過天青、霎時開朗的頓悟。想想看，如果你是那個要越獄的囚犯，壓力有多大，怎麼能停下來好好思考。但如果是幫別人越獄，那就是完全不同的心態，天外飛來的好主意可就紛至沓來了。

對了，如果你還沒有想出來剛剛那個囚犯是怎麼越獄的，這是他的方法：他把繩子從繩頭分成兩股，再把兩股全長的繩子接在一起，就能把自己由囚室沿著繩索降到地面，再從容不迫的逃走。

多元文化衝擊產生創意

多文化的衝擊可以激發特殊的創意。新加坡學者研究，歐洲的大學生，接受到美國與中國文化的交互刺激下，所表現出來的創意，大大超出實驗對照組的創意表現。研究者說明，多元文化的激盪，打破原來的認知模式，讓人更富彈性和創造力。

哥倫比亞大學的Adam Galinsky對多元文化的研究，也得到相同的結論。Galinsky解釋，當一個人接觸到一個完全不熟悉的文化的時候，需要有一種開放的態度，而開放態度有利於創造。你會放棄本位主義，了解到自己的生活方式和別人的生活方式，都只是一種選擇，你可以選擇這樣，也可以選擇那樣，不管怎樣，都只是眾多選擇其中之一而已。

另外，你也會學到，同一件事，在不同文化背景的人眼中，可能有很多不同的角度。比方說吃飯這件事，對某些文化來說，主要的功能是餵飽五臟廟，塞飽之後就走人，吃飯是一件小事而已。對另一個文化來說，吃飯可是一件大事，可是包括社交、討論、休閒、娛樂等多重功能的一項活動。

孔子曾說，「益者三友，友直，友諒，友多聞。」孔子是一個天才，在兩千五百年前，就說出許多到現在社會還非常適用，充滿智慧的話語，這是非常不容易的。

「直」和「諒」指的是德行，「多聞」則指具廣泛常識和知識。為什麼孔子不在直與諒之後，再講另外一個品德的條件，在幾乎是無限多的選擇裏，他偏偏挑了這個看起來毫不相干的「多聞」。

對我來說，他的意思是，和一個什麼都不知道、呆若木雞的聖人相處是很沒趣的。這樣的人，雖然具有很好的道德行為，但是孔子認為，這樣連「益友」都稱不上，因此特地加上「多聞」這個條件。

我在這裏說的多元文化的經驗就是多聞，多聞有助產出不絕的創造力，而缺乏創意、創造力，就不會有創新，沒有創新，就是所有的事物都是舊的，都是停滯不前的，人類文明也就不能往前推進，那就只剩下一灘死水了。創造對每一個人、對整體人類，都是最重要的元素，這就是為什麼我們要一再強調創造力訓練的原因。

而且如果我沒讀錯的話，孔子用的句型是AAB，意思是他把三件事並列擺在一起，但重點是放在最後面的一樣，也就是，他要強調的是「多聞」。

暴露在不同文化之下，看到許多不同的觀點和反應，當然會刺激創造力，因為你會了解到，做一件事或看一件事，可以有很多不同的方式和角度，這就是創意的源頭。

所以如何利用多元文化來促進創造力？最直接的方式就是在不同文化下生活。這就是為什麼我們鼓勵學生在求學期間到國外去當交換學生的道理，EDUx的學校設計也包括了交換學生計畫。如果在不同國度生活不可得，那麼多接觸不同文化的人，也有相同的好處。

如果這個也不可能，那你至少可以做一件事，就是盡量去開發不同的興趣，想辦法拓展不同領域的嗜好。你會發現最好的創意往往來自不同的角落、不同的觀點，如果永遠沒有接觸到來自不同地方的聲音，那就等於是宣告創意的死亡。

創造是所有學習的出口，沒有創造力，那麼即使擁有天下所有的學識也沒有用，因為那樣就像擺在圖書館書架上招塵的一部大英百科全書一般，對世人一點貢獻也沒有。所以創造力的訓練，是EDUx學校一門不可缺少的課程，它不只是一門獨立的課程，我們除了有一套嚴謹的創造力訓練課程之外，每一個跨領域、跨科目的Project，甚至在服務的課程裏，創造力都是受到強調的元素，所以創意的訓練是隨處都在做。

我們每一個人的學習與生活也是一樣，應該要隨時發揮創意。只要你去追尋，就會發現，創意會不斷的湧現。就像作家James Dickey說的：「我不了解怎麼有作家寫作時會卡住。我的麻煩是創意太多，來不及寫下來……」希望你也是如此。

標準答案謀殺創意

最近聽到一個發生在高中物理課的故事。物理老師問一個學生（我們姑且叫他

Justin），「Justin，如果我給你一個氣壓計（測量大氣壓力的儀器），要你算出教堂尖塔的高度，你要怎麼做？」

「這容易，我到教堂找到牧師，把這個精緻的氣壓計送給他，請他告訴我教堂尖塔有多高。」Justin很快回答出來。

老師眨了一下眼睛，還是很有耐性的說，「不，Justin，我是認真的，告訴我，你會怎麼計算出教堂尖塔的高度。」

Justin這時有點猶豫，不過還是很快想出一個解法：「我知道了。我會爬到尖塔上，用一條繩子綁住氣壓計，由尖塔頂端垂降到地上，然後再把繩子抽回來，量一下繩子的長度，就得到尖塔的高度了。」

Justin幾乎是有點得意的看著老師，沒想到老師還是搖搖手，開始有些不耐的說：「不，不，Justin，我的意思是說，你要怎麼去『計算』出尖塔的高度！」

Justin這時了解到老師好像期待的是一個比較「物理式」的算法。他吸了口氣，馬上又想出一個好靈感：「我知道了，我懂了。聽聽這個答案，」Justin和老師都興奮了起來，「我爬到教堂尖塔上，把氣壓計往下丟，我用碼錶計算氣壓計砸到地面的時間，配合已知的重力加速度，就可以計算出尖端的高度。」

Justin最後幾乎是叫了出來，他相信沒有比這個答案更「物理」的了。

老師的反應讓他嚇了一跳，「不對，不對。我看算了。」老師臉上表情僵硬，猛力搖著雙手，他大概覺得Justin這位同學是無可救藥了。

發生了什麼事？顯然Justin的三個解法都不是老師要的答案，那麼究竟他要的答案是什麼？

你只要去問任何一位高中物理老師，他們都會很清楚這位物理老師要的是什麼。只要一張紙，就可以把算式寫得清清楚楚。

不過這不是我提這個故事的重點。我的重點是，老師在找的是一個「標準答案」，在他的心中，答案只有一個，和這個標準答案不同的解法都是錯的。

標準答案是謀殺創造力的第一號元凶。這個故事是我們整個教育和考試制度的縮影。在追求和堅持標準答案的過程中，創意和創造力被壓榨得無影無蹤。結果，像Justin這般充滿創意的小孩被傳統的價值判斷為不足取，考試的分數一定不高，所有人都認為他是個「壞學生」。

你想在這樣的壓力底下，像Justin這樣的學生還會對自己有信心嗎？他還會堅持他的創意路線嗎？我看過太多這種聰明的孩子被學校、老師、家長以及自己放棄的例子。

但是標準答案毒害創意只是我們教育問題的引子。打開盒子之後，飛出來的是比考試、入學、教學等更大的整個教育理念、心態、作法的根本問題，這才是我在談的問題。

傳統的價值忽略了像Justin這種人才是推動人類文明前進的人，這種人才應該是我們踏破鐵鞋無覓處要找的人。反過來說，那些循規蹈矩的學生，依循陳朽制度設好的老舊框架往上爬，縱使有天生的好素質，也被變笨（dumb down）成聽話的類機器人。他們出了校門，進入社會後，還是因循著別人設好的制度做事，要他們去做創新、改革、堅持、冒險、變化、夢想、主動、熱情這些他們從來沒做過的事情，是根本不可能的事。

環顧我們的四周，這些Justin們大多已經被馴服，剩下少數不是走了，就是還在孤軍奮鬥，寧鳴而死的困獸猶鬥中。我們進步的腳步之所以會如此落後，是源自我們有系統、有制度的壓抑這些真正的未來領袖，以致我們缺乏領袖，許多不懂的、沒有能力的、不正直的人在當道，誰說所有的問題不是出在教育。

CHAPTER 2
自我學習力

我最近在一個場合談到Benjamin Franklin（班哲明．富蘭克林），他是美國的開國元勳之一，也是歷史上一個非常重要的人物，他整個人生的故事充滿了啟發和趣味。美國立國至今超過二百四十年，出了四十多位總統，很多總統的名字，世人早就都忘了。但是如果有人做個調查，問美國歷史上最重要的十個人物，我相信班哲明．富蘭克林的名字一定在每個人的榜單上。

自學、閱讀——從富蘭克林談起

富蘭克林為什麼有這麼大的影響力？只要到費城（Philadelphia）去就可以知道。費城在一六八二年由William Penn創立，是當時賓州殖民地（Pennsylvania Colony）的首都，也是當時尚未成立的美國最重要的城市。美國對英國的獨立戰爭時，開國元勳們（Founding

Fathers）就是在費城籌畫集會，一七七六年的美國獨立宣言，和一七八七年的美國憲法都是在費城簽定的。

大家都知道美國的首都是華盛頓特區（Washington DC），但少有人注意到，美國的第一個首都是費城。在一七九〇～一八〇〇年間，美國的第一任總統喬治．華盛頓（George Washington）和第二位總統約翰．亞當斯（John Adams）的官邸就在費城的「總統之家」（President's House），所以可以說，美國這個國家是在費城建立起來、由費城開創出來的。而班哲明．富蘭克林可以說是公認的費城第一公民。

富蘭克林在一七二三年（當時他十七歲）來到費城，他領導建立了費城的防火和郵政系統，創立了費城學院（後來的賓州大學），蓋了美國殖民時代的第一所醫院。一七五四年和法國與印地安人的七年戰爭期間，富蘭克林招募訓練民兵參戰；一七六三年的龐提亞克戰爭（Pontiac's Rebellion，印地安原住民對英國殖民者的反抗運動），富蘭克林更負責規勸來自賓夕法尼亞Paxton村的自發治安隊（The Paxton Boys，發動殺印第安住民的篷車大屠殺）離開，避免了大規模的流血事件。

富蘭克林和其他美國代表與英國國王喬治三世的代表於一七八三在法國巴黎簽訂〈巴

黎合約〉，英國正式承認美國為一獨立自主的國家，英國並放棄對美國一切的主張和權利。

至今，費城有富蘭克林大道、富蘭克林大橋，許多商家拿他的頭像當商標，只要走進費城，都會有一個共同的印象：費城真是富蘭克林的城市。

富蘭克林的一生充滿璀璨絢爛的火光，他是作家、印刷商、出版商、政治家、慈善家、科學家、發明家、公民運動家、軍人、外交官、創業家。集這些專長、興趣與成就於一身，歷史上恐怕很難找到另外一個像他這樣多才多藝、具多方頂尖才能與扎實貢獻與成就的人，他不只是美國的驕傲，更是人類共同的資產。

他說了許多充滿智慧的話，到今天都還常被引用與傳頌，相信他是世界上話語被當成格言最多的人士之一。可以這樣說，如果這個世界少了這個人，那會失掉一個傳頌千古、後人可以學習的人類楷模，以及許多智慧的啟發。沒有他，可能沒有今天的美國，縱使有，今天的美國也會是一個完全不一樣的面貌。至少對我和我的小孩來說絕對是如此。

我的小孩從小讀富蘭克林的故事，安廬在十一歲去克里夫蘭參加英特爾國際科學比賽（Intel ISEF）時，碰到一位諾貝爾化學獎得主賀胥巴赫（Dudley Herschbach），他是哈佛大學化學系教授，一九八六年諾貝爾化學獎得主，同時也是一位謙煦長者。顯然他和一些大科學家不同，他了解培植下一代的重要性，非常願意提攜後進。蒙他不棄，他花了很多時間和安盧聊天，在聊天當中，我們才知道，他是一個大號的富蘭克林迷，當時也聽他講述了一些富蘭克林的軼事，讓我們的印象非常深刻。

安盧回去之後，就跟我說他想去拜訪富蘭克林在費城的故居。二〇〇一年，我們全家的美國東岸之旅，費城當然就是我們必到之處。我們在費城參觀了許多博物館和古蹟，幾乎每個地方都和富蘭克林有關。我們買了他的傳記和他的海報，其中一張現在就掛在我家客廳。

請原諒我花這麼多的文字介紹富蘭克林，原因除了說明我們全家都是富蘭克林迷之外，還有更重要的訊息要傳達，那就是我認為他是每個小孩成長過程裏最好的學習典範。

你不必像他一樣成為博學多聞的廣才（polymath），但是富蘭克林有兩點非常特出之處，父母一定要讓小孩學到。第一點是他的積極入世，參與社會，貢獻人群的熱情；第二點，是他永遠不斷的提升自己，自我學習（Self-learning）。這二點都非常重要，而且互相影響。

富蘭克林十歲就離開了學校，再也沒有回去過。他在一七九〇年八十四歲去世時，我們都知道他完成了什麼事，可以說他一生偉大的成就，完全來自於自學。

富蘭克林在他的自傳裏提到，他每天的工作非常忙碌，他有好幾個生意要經營，有個家庭要撫養，有太多的眾人之事要處理，但他還是每天抽出一至二個小時來自學。我相信這是他成功的秘密之一。

他每天自學一到二個小時，那麼以六天計，每週就有六至十二個小時的學習時間，我們就說十個小時好了。在這裏，我提出一個建議：我們每個人——包括小孩、成人；學生、已畢業的人——每週花十個小時來學習，學自己想學的任何東西，只要不在你的工作範圍之內的學習都算。

我這個建議可以叫做「**富蘭克林的十小時**」，這是我從他那裏偷來的想法，如果我們每個人都能這樣做，我們的社會必定會有另一番的風貌，至少能改變社會的學習風氣。

到台灣任何地方去看，除了學校、圖書館、書店等特定的地方之外，在台灣幾乎看不到人在閱讀。事實上，在學校讀的是教科書，圖書館裏多數的人是自己帶課本去看，嚴格來說，是在K書，並不算閱讀。如果這樣算的話，那我們閱讀的風氣趨近於零了，在公園內、捷運上、咖啡館裏，應該看到許多人在讀愛讀的書，可是你有看過嗎？當然，自學不等於閱讀，學習也不只是看書，但閱讀是學習很重要的一環，沒有任何人會鼓勵別人不要閱讀。

愛因斯坦除外。愛因斯坦說，到了某個年紀之後，閱讀太多會讓人懶於思考，妨害創造力。這個說法我是同意的，但是我們要知道，第一，他是個天才；第二，他是非常具創造性思想的人，可以理解他不想要受一些壞影響來阻礙他的思路；第三，他提到的是「到了某個年紀之後」。所以，一般人不必擔心愛因斯坦所擔心的。

更何況，其他成功人士都是非常鼓勵閱讀的，他們不但鼓勵別人閱讀，自己更是身體力行。

比爾蓋茲每年要讀五十本書，從他的Gates Notes裏的書評看起來，他是非常認真的。Mark Zuckerberg每兩星期至少要讀二本書。這也難怪，他這麼喜歡閱讀，連公司的名字都有「書」字。巴菲特每天要花五、六個小時讀五份報紙，以及五百頁的公司報告。Elon Musk在成長過程中每天要讀兩本書，這是他的弟弟Kimbal說的。

連打球的LeBron James也常常在球場邊，練球的空檔被人看到拿起書來讀。除了球星之外，歐美的演藝人員也有許多人愛看書，女演員Natalie Portman畢業於哈佛大學，她曾說過，「我在學校學心理學，而最好的心理學在文學裏。」

我們在Palo Alto的一位朋友Betsy Franco，她的大兒子叫James Franco，是好萊塢著名的演員，也是耶魯大學比較文學的博士研究生，他們全家都非常熱愛閱讀。

英國的演員就更不用說了，《哈利波特》的Daniel Radcliffe、〇〇七的Daniel Craig、《決戰異世界》（Underworld Saga）的Kate Beckinsale在牛津大學學法語和俄語，而且在年輕時曾兩度得到W.H. Smith Young Writers' Competition的文學比賽獎。

《鐵達尼號》的Kate Winslet是奧斯卡影后，她最愛的是左拉（Émile Zola）的《紅杏出牆》（*Thérèse Raquin*）和他其他的小說。另一個來自英國的奧斯卡影后Emma Watson，也是位書蟲，如果你喜歡看她演的戲，但最近怎麼很少看到她，那是因為她暫時息影，跑到布朗大學學藝術和文學去了。

所以，大家都在讀、讀、讀，都在學、學、學，我們呢？我們也在學，只是學的方向很不一樣，學的動機大不相同。我們的學習不是為了自我改進，而且有其他目的，有升學、就業、升官、加祿的複雜動機在裏面，學習這件事情變得很不單純，說得明白一點，就是一種變質變調的學習。最近看到好些補習班的廣告，一個說「三年內學完小學數學」，另一個說「小學生通過英檢X級」。

Why we learn?

小學數學的內容要在兩、三年內學完，對普通孩子本來就不是一件太困難的事。問題是學的內容是什麼？用什麼方式完成？學完又是什麼意思？學習的目的如果是為了應付考試，那是一件很可怕的事情，可是這是我們學校和許多其他地方唯一知道怎麼做的事情。

大家都知道填鴨式的餵食法不好，但是做了太久了，不管是餵食者或被餵者習於這個模式，不知道也懶於去追求或找尋新的學習法和教學的方法，再加上家長的推波助瀾，教學者的教學和終極目標變成是向家長展示學習成果，這造成了削足適履，以及作樣子、作假的習性，小孩子看在眼裏，別的沒學到，學到了怎麼虛與委蛇，怎麼應付。

學習缺了真誠、赤心，少了對知識的單純好奇心，損失的是一輩子對學習及改進自我的熱情，這和整個社會缺乏學習風氣這件事，根本是一脈相承，同一個源頭。

學習是一個發現的過程，老師和家長的角色，說得明白一點，就是保護這個學習的單純性，就像山野的環保員在保護一條純淨的溪水一般，它在源頭不遠處可能只是一縷小水流，中間命脈不斷的話，到了下游，可就是波濤洶湧的大江大海了。

現在教育的問題是，成人太多的干預，把一池清水攪弄得混雜不堪，小溪承擔太多的雜物和垃圾，不知不覺中，在某個地方，小溪根本不見了。這些孩子一旦長大成人，掙脫了學習的束縛，學習變成是下一代的事情，他想起了他在學校、家庭以及其他地方學習的經驗，那是他所認識的學習，同一套方式拿來套用在下一代身上，只是這一次「你要比我更強」，他看著小孩，心裏祈望著。這就是填鴨餵食的學習永遠是教育主流整個故事的縮小版。

有一位朋友告訴我一個小故事。他的兒子在某國中讀二年級，有一次他在孩子的生物筆記上看到一個錯誤，他就問兒子上課的狀況，才知道那是一堂生物實驗課，他們連實驗都沒有做，老師把本來實驗應該「發現」的結果，寫在黑板上，讓學生抄一遍。朋友說，就是因為兒子連抄都抄錯，他才會問到這件事，否則他根本不會知道實驗課連實驗都不必做，照樣可以有結論。

這個故事讓我想到安盧在研究所時代的實驗筆記，那是一本大概A3大小的筆記本，只有學校有在賣，裏面密密麻麻的記著一頁又一頁的數據，我問他為什麼一直重複同樣的數據，他告訴我這些數據表看起來一樣，其實不一樣，有一點小差別，每一次的實驗只有改變一個小變數，其他條件一樣，就這樣一次一次的做。我感覺這完全是抽絲剝繭，甚至可以說是大海撈針的浩大工程。

他告訴我有時候養一隻基因突變的老鼠要好幾個星期之久，這還沒開始做實驗呢。所以科學家求真的過程，是非常莊重嚴肅，一步一腳印走過來的。如果一個小孩從小接受到的實驗教育是如此的作假，集體的欺騙，那他將來在從事科學或其他研究時，他會用什麼樣的偷吃步來取得領先？

在台灣、韓國、日本等地陸續發現論文作假的行為，真的到了令人匪夷所思的程度。連以求真理為志業的科學家都可以造假的時候，那這樣的社會在其他方面欺瞞世人的情況會有多嚴重、多廣泛，可以想見而知。

問題在於錯誤的想法和作法

最近聽到一個新聞，負責美國SAT大學入學測驗的ETS要把SAT由亞洲包括香港、南韓在內的試場暫停實施考試，原因是這些地方作弊的風氣太盛。這真是冰凍三尺，造假作弊造成整個社會的不公，是後果非常嚴重的事，但是它的根源還在於我們用什麼方式教育下一代，如果我們不改變填鴨餵食的教育，小孩沒法養成學習自我動機，更會失去追求未知的渴望和熱誠，最後影響到他一輩子的學習態度和成就。

如果家長、老師只是追求速效，追求「三年內學完小學數學」、「小學生通過英檢X級」、「小學四年級已經具有國二科學實驗程度」這些似是而非，無益而有害的標的，就是把小孩放在井底，井裏的範圍就是學校的課綱和教科書，小孩在成人帶領下，往上看到的那一片天空就是小孩所認識的宇宙全部。

以數學為例子，除了教科書上的東西之外，數學的天地還很廣大。但是家長的思維是只要學好教科書的內容就是一切，小孩的學習已經超前，學校教的太容易，孩子在學校無聊，所以送他到別的地方多學一些，短時間內把國小或國中的數學都學完了，這樣他可以領先別人，在學校可以更輕鬆。

問題是，小孩學了，也以為自己會了，真的嗎？我和幾位老師談過，他們不認為小孩真懂了。就算會了，他在學校學什麼呢？那他在學校不是更無聊嗎？我不懂這個邏輯，更不懂家長和學校一起填滿小孩的作息，讓他們連喘息的機會都沒有，如果連喘息都沒有，那要怎麼思考？怎麼學會批判性思考？怎麼有時間塗鴉？怎麼有時間發現、發明？怎麼有創造力？

我們現在的教育的問題之一是太多的教育，馬克吐溫說**「我從來不讓上學妨礙我的教育。」**（I have never let my schooling interfere with my education.）你認為這只是幽默大師的一句玩笑話嗎？看看我們在教什麼？小孩子七早八早，幾乎是眼睛還沒睜開就到學校，許多時候太陽下山還回不到家，學校甚至週末還要到校，連寒、暑假都要剝奪，什麼「第三學期」的招數都來了。

許多家長甚至認為需要把小孩的時間填滿，因為小孩一有時間，不是在電腦上打電動，就是在Facebook、YouTube等等上面浪費時間，自己不會督促自己，不如去給人管，至少可以學些東西。

我可以理解家長的想法，但是家長不知道有沒有想過，這樣的想法及作法只是用一個問題掩蓋另一個問題，它並沒有由問題的根本去解決它。太多的假學習讓大腦沒有關閉（switch off），或者轉移（divert）的空間，這樣產生了大腦疲乏的現象，它會讓大腦失去思考的動力。

就像大腦的學習需要在睡眠裏強化（solidify），小孩子的大腦需要處理（process）學習的內容，就像烹煮食物需要蓋上鍋蓋，讓食物在溫度下發生化學變化。**大腦發生變化，處理學習的方式就是遊戲，運動，自發學習，胡思亂想，發呆，做白日夢。**你以為這些時間和空間他沒在做什麼，你認為是浪費的時間，都有非常重要、一般人看不懂的功能在發酵、在進行當中。

宇宙太大了，要學的東西太多了，學校和補習班所教的內容，升學的東西，是小小的一部分。如果你花太多時間和精力在這上面，那你註定失敗。因為未來世界的競爭更多、更強、也更深。你（我是指年輕人對自己，做父母的對子女）唯一能做，而且也應該做的，是保持對萬物的好奇心，對學習的渴望，以及對追求真理的熱愛和堅持。

請你真誠的問自己：我（的孩子）有這些嗎？如果沒有，怎麼去找回來？父母也應該問自己：我有做什麼去妨害孩子的學習動機嗎？他熱愛學習嗎？他常問些有趣的問題嗎？我有阻止他發問嗎？我對他的問題總是認真回答嗎？我有提供一些「閒書」（數學、科學、科技、工程、歷史、文化、小說等等）和小孩一起討論嗎？我有勸他不要或少讀一些閒書嗎?你上一次和小孩一起看Discovery、National Geographic、History或者BBC頻道的紀錄片是什麼時候?上一次和小孩子一起看、一起討論一本課外書是什麼時候?

最後,也是最重要的一個問題是:我對他的學業成績和考試分數的態度是什麼?事實上,家長對於這件事情的思考和結論,左右了孩子的將來。

CHAPTER 3
分享與分工合作能力

根據英國牛津大學人類學家Susanne Shultz在《自然》（Nature）科學期刊發表的論文，大約在五千二百萬年前，猴子（monkeys）和猿猴（apes）的祖先與狐猴的祖先分道揚鑣，從那個時候開始人類的祖先由獨居變成兩性混合的群居生活方式，科學家推論這樣的轉變是因為進化的關係，群居才能在找食物，狩獵的時候互相照顧，這是一種以安全及繁衍後代為初衷的生活方式。

慢慢的，群居的方式發生了微妙的變化，雄性人類開始負擔起保護下一代的責任，一夫一妻制開始成型，這兩個因素大大提高了嬰兒的存活率，這是物競天擇，適者生存的進化原理。就在這時候，人類大腦的新皮層（Neocortex）開始成型，而且慢慢變得愈來愈厚。

新皮層是大腦最外層的組織，而且是人類大腦進化最新加進來的部分，人類的新皮層比其他靈長類及哺乳類的動物要大得多，這是個很有趣的現象，因為新皮層掌管的是大腦的高階認知功能，這些包括語言、行為與情感的規範、知覺、同理心、洞察力（知道別人想什麼、要什麼）等。

以上的證據說明了人類可以說是天生具有「群性大腦」（social brain）的生物。科學家的研究也告訴我們，一個上了年紀的人如果能有朋友及社交活動等，可以避免老年失智。還有，如Facebook、Twitter、Instagram、LinkedIn等社群網站，以及Uber、Airbnb、Kickstarter、eBay所屬的「共享經濟」（Sharing Economy）為什麼會爆紅，都是因為人類渴望和社群互動，具有群性大腦的原因使然。

社會改革由教育開始

Matthew Lieberman在他的書《社交——為什麼我們的大腦的設計是為了連結》（*Social: Why Our Brains Are Wired to Connect*）裏闡述，人類大腦進化的結果，使得我們在社交關係上出了問題時（比如說夫妻吵架等），所經歷的情感上的痛楚和身體上的疼痛在fMRI（功能性磁振造影）上觀察到是發生在大腦同一部分的迴路上，也就是說，精神或情緒上的痛楚和身體上的疼痛是沒有兩樣的。人類大腦進化之所以往這個方向走，是要確保我們一生都在追求良好的社交關係。

所以人類是群性動物，他渴望群性，他必須學習如何與人相處，這一點從科學的角度來看，殆無疑義。

我認為，學校是學生學習生活的地方，說得更清楚一點，學校應該是人類學習群體生活所需有的個人行為規範的地方，也就是說應該在學校學的是人與人如何相處。**由科學角度來說，學校是發展人類特有的社交大腦的練習所，這才是學校的第一要務。**

David Brooks在他的書《社會性動物》（*The Social Animal*）裏也提到叫做「非認知技能」（Noncognitive Skills）——那些無法用定量方式估算的隱藏性人格特質——才是讓我們人生感到快樂與滿足最重要的元素。我認為，這才是學校首先應該教的。

問題是，現在的教育方式是在學校專注灌輸知識，以備學生步入社會之用；但是以現在人類社會發展的速度，特別是科技的驚人進展——有學者已經喊出現在是「第四次工業革命」的口號——學校學的東西，在學生還沒踏出校門之前肯定已經過時，即使內容沒有過時，傳達知識的方法也會很快過時（比如說老師授課，學生聽課這種被動學習法）。

學生踏入社會的時候，需要有的一套知識，根本不來自學校。有在觀察的人都知道，這些事情都已經在發生，而且未來會更變本加厲，學習必須永無休止，不停的進行，和在校內、出學校毫無關係，這是新的學習理論。

我曾經問過學校的老師、家長和小孩，學校的目的是什麼？我得到最多的答案是：學校是傳授及學習知識的地方。我相信這樣的觀點是許多社會問題真正的根源。

如果學校存在是為了準備學生步入社會的技能，那個技能就是學會如何在人群社會裏做一個好成員。我曾經提過的大大小小的問題，包括各種人為的汙染、紊亂的交通秩序、對人身的威脅、環境的糟蹋，以及貪污舞弊、詐騙搶劫，加上無處不在的各種霸凌，甚至球賽的打假球，這一切的問題，都出在學校被誤以為是傳授知識的地方，以致大大忽略了它真正的功能，那就是發展群性大腦，讓孩子懂得如何在社會中至少做到「勿為惡」（Do No Evil）。

我不用道德這種字眼，因為在人類社會裏道德常常是最沒有資格談道德的人在說的。這還不是主因，真正的原因是道德很抽象，常遭人誤解。而且道德無法丈量，每個人想的都不同，多數人心裏想的道德，老早已經過時，是應該拋棄的東西，我們不要再談道德了。

在這個階段，人類群性大腦應該進化的方向，至少是消極的勿為惡。讓我們的學生在學校學習怎麼在人群中不要作惡，他們步出校門之後，就會不做惡事。我們很多的社會問題將因此迎刃而解，這不就是教育該有的功能嗎？

如果行有餘力，**學校可以根據學生的興趣和專長，以好的教學哲學和方法，以個人化的方式，引導學生自己去學習及取得知識**，這是學校的第二個功能。看看現在社會的問題，就是把學校的功能本末倒置。

沒有錯，所有問題的根本都在教育，不用治本只用治標的方式，導致問題如滾雪球般愈來愈大，終至無法解決。

如果你看到政府領導人談的只是怎麼解決問題，想的只是成立什麼機構，疊床架屋式的實施什麼計畫或方案，而絕口不談教育，不談釜底抽薪的方法。那你就應該知道，問題永遠不會解決。因為縱使是立意良善的方案，也會有人謀不臧的情形發生，這些合作為惡的社交大腦很容易的由點結成線，再結成面，變成一股大的惡勢力，到最後拖垮整個社會。這種情況，在南美洲、在非洲很多地方都在發生。

但是當學校的功能彰顯，群性大腦多數認同勿為惡的思考模式，縱使有少數壞心眼的人，他們只會變成散落在各處的孤狼，沒有足夠的勢力連成線或面。整個人類社會也不至於傾倒，我們掛在口上的人類和平、世界大同也才有可能。

這，才是教育的目的。

分享與獨霸

有一次在上課中，老師問一個學生，會不會把學程式設計的好處與別的同學分享？這位學生回答，不會。老師覺得有些意外，問他為什麼，想知道不讓同學知道的原因。他的回答是，就是因為程式設計很棒，所以他想「獨霸」（Domination），因此不想告訴別人。

「獨霸」是他用的字眼，又是一個出人意表的回答。但是再仔細想想，他的回答，也不會太令人驚訝。求學過程中，這樣的心態，不是我們一直被灌輸、一直被教導的嗎？

我們成長的文化和哲學，不是一直是「各人自掃門前雪，莫管他人瓦上霜」嗎？我們的文化講的是「仁者，人也，親親為大」。意思是說，對自己的親族照顧，就可以稱為仁者；同時也說「親親而仁民，仁民而愛物」，但是從未告訴我們，為何親親會變成仁民？

我們看到的永遠止於親親，而未及於仁民，仁民從來就沒有發生過。

獨佔是人類的天性，分享是社會化的結果。分享既然不是天性，需要後天的學習，父母和師長就應該從小提供很多分享的練習。因為分享的訓練是很重要的，如果全民普遍缺乏分享的觀念，那整個社會將會產生很多問題，有時候連運作都會產生問題。

我在前面舉了很多例子說明。這裡再舉個日常生活的例子：在台北，捷運是民眾很重要的一種交通方式，雖然尖峰時間乘客很多，但基本上大家都會遵守排隊的先後順序，秩序井然，並沒有大問題。但是文湖線因為車身小很多，搭乘的人常常上不去，原因是幾乎所有人都堵在門口，少有人願意往裏面走，讓別人可以上車。我了解很多人的想法是待會馬上要下車，現在往裏走，等下下車還要往外擠，不如站在門口，下車方便，上不來的人可以等下一班車，反正班次很多。

這種想法似乎言之成理，其實是自私觀念在作祟，不願分享的結果造成門口看似很擁擠，裏面其實很空敞的狀況。我當然不是提議每班車應該盡量塞滿人，但是在空間可以的狀況下，稍微挪動一下，方便他人，也不要造成資源無謂的浪費，應該是有分享概念的人會做的事，但是幾乎所有乘客都完全沒有這樣的想法，不只如此，我注意到捷運公司宣導很多的觀念，連翻報紙都規範了，卻從未想到要提醒乘客要往裏面移動，不要堵在門口，讓別人可以上來，可見這件事也完全不在他們的腦袋裏。由此可見，自私自利的想法到處瀰漫，我認為問題的源頭在於，不管在家庭或學校，分享的觀念和訓練完全付之闕如。

我要說的是，因為我們在教育裏缺乏分享的訓練，造成我們自私自利，不關心別人的利益，以至於做出傷害整個團體、社會、國家利益的事，這完全是教育的問題。

我們把教育做好了，再加上清楚的律法，嚴格、公平、公正、無私的執行（這還是教育的問題），再混濁的水都有變澄清的一天，再骯髒的空氣都有變乾淨的時候，再自私自利、貪婪、冷漠、無情、功利、不守法的人，都有幡然悔悟的一刻。

改變的一天終會到來，重要的是，我們要知道已經晚了，現在不做，我們對不起自己，更對不起下一代。現在去做，或許我們這一代無法受益，但是下一代就能有一個完全不一樣的生活空間，這是我們最起碼應該要做的事。作法就是由小小孩的教育開始，整個社會動起來，我們就能抓住最後一個改變的機會。

學習分享自小開始

造就一個不藏私的人，要由分享開始。分享的教育，可以由playdates（小孩相約一起玩）開始。在playdates之前，要先對小小孩開示，「等一下Jimmy來了，你有什麼玩具要和他分享？」等到玩伴回去之後，父母找機會在小孩放鬆、能集中注意力時，和他聊聊。「剛才Timmy帶他的玩具和你分享，我覺得這是很棒的行為，你覺得呢？」、「我也看到你拿你最愛的星際大戰機器人和他一起玩，我覺得你很慷慨，你能分享令我感到驕傲，分享是一件很有趣的事，你說是嗎？」

父母做了兩件事：第一，指出別人會分享的模範，讓小孩可以學習；第二，讚揚並鼓勵小孩分享的行為，讓他覺得這是一件好事，以後可以多做一些。

不只是分享，任何正面的行為，我們都可以用這兩個方式處理。正面的行為可能是排隊、輪流、關心和體貼他人等等。比如說，父母可以利用某些學習性的電腦遊戲（或實體的遊戲）教導小孩輪流的觀念。我們在孩子小的時候，常常玩一個叫做Jenga的遊戲，大家輪流一起來堆疊木頭，最後放了木頭之後，整個高塔倒下來的人，就是輸家。這個遊戲可以教導小孩輪流（take turns）的觀念。

邀請好幾位同伴來玩的時候（比如說生日宴會），就可以玩這個遊戲。一開始，家長可以先觀察，小孩們是不是很自然的會輪流玩，如果有人不遵守秩序，看看你的小孩或其他人會不會出面來引導大家如何一個人一個人的輪流。

如果還是不行，家長可以出面稍微說明大家一定要尊重別人的權益，不可以越過某一個人，大家要有秩序的玩，這個遊戲才可以順利玩下去。

過一陣子之後，家長就會觀察到小孩井然有序的在玩這個遊戲，每個人也都學到了大家輪流的觀念。一次又一次的遊戲中加強這個概念，沒有小孩子會亂來的。這樣的小孩，長大了之後會不分享，不尊重別人，會沒有同理心嗎？

社交能力

小孩學會分享是發展他整體的社交技巧（Social Skills）的一部分。不幸的，用「社交技巧」這幾個字是因為缺乏精確的字眼，所以勉強用它來表達人類社會化的過程並不是很合適的字眼。「社交技巧」給人一種小道、枝微末節的感覺，難怪學校和家長並不重視它。但是堆積如山的研究證據告訴我們，社交能力比智力或學業成績更能準確預測小孩未來是否成功；不僅如此，與他人的互動更是一個人快樂與否的重要指標。

社交（Socialization）的重要性超過一般的想像，今天如果有家長只注重小孩子的社交發展，而忽視他的學業，我會認為這絕對是一對聰明的父母。理由很簡單，學業成績好可以讓小孩進入一個好學校，但這些完全無法預測孩子未來的成就。企業的人事主管會告訴你，學業成績只有在找第一份工作時或許有人會關心，但是由第二份工作開始，企業在找人才時，只在乎你在上一個工作上的表現，沒有人會去管你學校成績的好壞。

相反的，企業在乎人才是否能與他人通力合作，他的溝通或領導能力如何，解決問題、調解衝突的技巧怎麼樣；幾乎所有考慮的點，都落在求職人的社交技巧上。這些找人的條件，不只針對企業主管的職位，對於中級職位也是這樣的要求，甚至一位餐廳跑堂、速食店收銀員、超商店員、卡車司機，全部都要考慮求職者與人相處的能力（就是我們這裏說的社交能力）。

事實上，社交能力弱的小孩，在學校容易遭同學、老師排擠，霸凌別人或被霸凌的傾向較高，易與人起衝突，較不具安全感、不容易控制自己的情緒，容易表現出攻擊性或暴力傾向的行為，顯現出低自尊（self-esteem）的性向，學業成績也會受到負面影響，長大後在社會上比較不易與他人發展出健康的人際關係，影響到自我的成就感與幸福感。極端的話，有可能演變成憂鬱症，或發展出對社會的仇恨或反社會的行為，甚至造成整個社會的遺憾也不一定。

所以孩子的社會能力真的很重要，這是家庭與學校最重大的責任。培養小孩的社會力必須在家庭及學校營造一個適當的社交環境，由父母及老師從自身開始，示範如何與人以互相尊重、考慮到他人需求及立場的方式相處，同時父母也必須觀察及指導孩子與兄弟姐妹或同學間，不論是學業功課或課後相處的互動，教導他們怎麼在團體內以負責的態度做好自己的工作，進而扶持他人，以完成團隊的工作。

家長和老師必須在日常生活裏培養出小孩同理心、公平、無私、負責、正直、誠懇、助人、勇氣、和平的社會性人格。如果小孩經常遭到責罵或是挨打，他們在電視上看到都是些偷竊、酒駕、打架、尋仇、殺人，或者是政客打罵不止的新聞，在路上看到的盡是駕駛人開車違規或商家違法的例子，整個社會呈現的是一種浮躁及暴戾之氣。小孩子看到大人的惡劣示範，在這樣的環境之下，要如何培養出正確的社會人格？

合作好處多

P21是美國一個重要的智庫及非營利機構，它的宗旨是結合政府、企業、教育界及各行各業，共同合力來培養下一代的二十一世紀生活技能。P21由許多專家、學者的研究及企業及老師的參與下，發展出一套他們稱為「二十一世紀學習架構」（Framework for 21st Century Learning）的Infrastructure（基礎設施）。在它的架構裏，有一組稱為「學習及創新技能」的學習方針，提出了四個C（4C's），這四個C是P21認為我們要為下一代準備的最重要的技能，分別是——Critical thinking（批判式思考）、Communication（溝通）、Collaboration（合作），以及Creativity（創造力）。

我們現在要談的是合作（Collaboration）。我們前面談到父母應在家庭裏培養小孩分享的概念，接著強調社交能力的重要性。在學校裏，合作就是培養小孩合作能力的重要方式。P21舉了一個例子——美國愛荷華（Iowa）一所小學Spirit Lake，一年級學生使用科技工具和全美國及加拿大的小學生合作的案例。他們一起討論一本書，用Twitter來互相問問題，比如說，有學生會推文（tweet）：「在書上的圖裏，你看到了什麼和數學相關的事？」有人就回推文，他看到了什麼，就這樣各處的學生來來回回的討論，最後他們共同完成了一本書，叫做Bingo，然後他們每週在Google Hangouts上視訊討論出更多的合作計畫。

課堂上的合作，需要學校及老師很多的配合及先期的準備，並不是把學生分組，就可以期望他們能順利得到問題的解答或做出什麼結論。老師要做好合作的架構（scaffolding），完整架構由合作團隊互相討論後制定合作的行為準則開始。不同年齡的學生可以有不同的用語及規則（比如，「大家必須尊重每一個人的發言，不要插話。」、「發言要先舉手」、「大家輪流當小老師」等），但原則是一樣的，就是形成大家對團隊合作內行為的共識。

老師要示範如何在團隊裏發言，如何傾聽別人在說什麼，如何把別人說的話用自己的方式表達一遍，以確定溝通無誤；如何問問題，避免讓別人感覺你是在挑釁、找麻煩，或被你當犯人審問；最後，老師要示範小組領導者怎麼誘發討論，創造出有創意的討論空間，帶出一個有效率的團隊，這樣的能力，只要成人能給予適當的指導，小學一年級的學生就可以開始學習，將來進入職場將會變成企業最渴望的人才。

有老師質疑，合作學習真的比個人學習強嗎？合作的時候，不是淪為爭吵，就是少數人作主，其他人默不作聲，被牽著鼻子走罷了——懷疑的聲音指出前述這些問題。

但是，愈來愈多的研究結論顯示合作學習的好處，學生在合作的過程中可以學到太多在傳統教學方式裏學不到的東西。

第一、同儕學習（Peer-to-Peer Learning）。我們提過同儕學習的許多好處，簡單的說，教同學可以讓孩子有重新咀嚼所學內容的機會，澄清疑點，加強學習印象。不但如此，還可以由其他同學身上學到許多原來沒注意到的事情，同儕學習讓學習變得更有趣，更有目的，而且更全面。合作提供大量的同儕學習機會，主動學習的效果絕對大過老師在課堂上講課，學生坐在下面聽的被動學習。

第二、合作讓學習更深入。研究實驗發現，學生經過和兩、三位同伴討論七分鐘之後寫下的解答，不論在深度、廣度、豐富性和複雜度上，都比個人單純聽老師授課後所能寫出的答案要強許多。

第三、合作學習可以學到許多傳統學習法學不到的東西。在團隊中，學生學到要負起自己那一部分的責任，如何沒有做好，會影響團隊至鉅，自己會變成團隊的罪人。所以合作學習可以培養出很強的責任感，同時也會要求別人的表現。因此會學會支持別人，幫助別人完成他的工作。當別人表現不好時，我們會學會用同理心去支持他（你會想，下次也有可能是我出問題），幫助他，共同提昇團隊的表現。

我們在籃球場上看到隊友之間不停擊掌，有人表現好要擊掌，表現不好也要擊掌，無論如何，就是要互相鼓勵士氣，這是在場上。下了場之後，大家開檢討會，檢討自己，也不客氣的檢討別人，被檢討的人也要有雅量接受，這就是團隊運作的本質。

合作學習的團隊成員也是一樣，一切以團隊的最高效率為原則，這中間的討論、辯論、忍讓等等，都會有許多情緒，如果沒有合作提供的機會，沒有經過長久的學習，不可能學會這些重要的人格特質，整個社會也會進步不了。

第四、合作學習的成效超過個人學習。學者讓合作學習的團隊成員個別參加考試，發現同樣的試題，經過合作學習的人，比個人學習者得到的分數要高許多，這證明了俗諺「三個臭皮匠，勝過一個諸葛亮」的說法是有實證及科學根據的。

第五、合作學習讓孩子學會如何與各種不同的人相處。合作學習要經常改變對象，讓學生有機會接觸各種不同個性、不同背景、不同想法、不同學習方式的人。學生在學校就能學到如何和他不喜歡、看不順眼、意見不合，但是又必須一起工作的人合作。這樣，學校不會再是校園圍牆圍起來的封閉空間，比較像是真實的世界，這樣學生出了社會而適應不良的機會就大為降低。

與他人合作的能力，是我們社會成功與否的基石，實在太重要了，希望家長和學校可以多把注意力放在這裏，重視培養小孩的社會能力，這樣不只是整個社會得益，小孩的一生也會更快樂，更有成就，這不就是父母要的嗎？

分享、合作、同儕學習

我看到的是蔚然成風的社會風氣。同理心（Empathy）、憐憫心（Compassion）、考慮他人（Consideration）、勇敢、正直、誠實的觀念非常的稀薄，自私、冷漠、炫富，缺乏社會責任感充斥在社會上下層。為什麼這些成為我們社會與文化的指標？究竟為什麼會這樣？

還是要由教育說起，我們從科舉、考試、升學，學到競爭，但是我們學到的是惡性競爭，是「一個人要成功，另一個人必須要失敗」的觀念，所以我們從小就學會不和人分享，如果在學校學的內容大家都會，就要到補習班去學些學校上課老師不會講的東西，這些獨門秘技是絕不能教給同學的，否則考試輸給他人怎麼辦？

我們的教育從小教的是獨佔，不是分享；是佔有，不是付出。有學生說，他媽媽跟他說不要教同學，自己會就好，這樣還不夠，最好還要裝不會。這是什麼樣扭曲的價值觀？但是相信對許多學生、師長、父母來說，並不陌生。

就是這些觀念，一點一滴的累積，造成今天社會各個層面的崩壞。這一切，都是由教育開始壞起。要改變這一切，也必須要由教育開始改起。

改變教育由哪裏開始？首先，由小學或幼稚園開始，重新設計課桌椅，拋棄一人一桌的擺設，改成四人或六人一桌，這個簡單的轉變可以改變老師和學生的腦袋，像是打開了一扇窗，讓分享、合作的氣氛流洩進來。接著進來的，就是翻轉教室的概念，四位或六位同學共同學習某一個主題，每桌有不同的主題，學習完成之後，每一桌的成員要共同做一個報告，向全班說明學習結果，並且回答別人的質詢。

每一桌在報告之前，大家要分工，要討論，甚至辯論，要互相教導，貢獻自己所學的，在內部充分溝通，通力合作之下做出最好的報告。老師根本不必要求學生要分享，不要藏私，因為家庭教育裏無私的分享早就是整個社會的共識，學生來到教室之前，早已習慣和別人分享，和別人合作。如果我們的家庭教育沒有強調分享，幫助別人，那麼我們就應該由家庭教育開始改變。這個待會再說明。

在學校裏，我們應該從小強調合作，分享。由Project-based的學習開始，加入合作（collaboration），再加入同儕（peer-to-peer）學習。小孩學會熱心的教導同伴，學習和人合作，學習領導、溝通、衝突處理，學習論證、說服、辯論，學習怎麼和人相處，怎麼顧慮別人的情緒、看法、作法，學習怎麼對群體有貢獻，這所有的學習，經年累月、一點一滴的累積，出了社會之後，自然行為舉止會關心到他人，會顧慮到自己的行為對整體的影響，會考慮到他人的權益。

同理心、憐憫心、考慮他人、正直、公平、合理、誠信、勇氣、尊嚴等等好的社會風氣才會成形。剛才提到的這所有的自私、貪婪、冷漠、無情、追求廉價、粗魯、炫富、功利等等壞德性，才能減少或消弭，而不會變成是通例。

遊戲邀約

當然，如果不能由家庭教育開始，學校教育是無法畢其功的，家庭教育則要由小朋友的遊戲邀約（playdates）開始。經常在下課後或周末約其他小孩子到家裏來玩耍，這是非常重要的培養小孩社交的活動。

我們也是在當了父母之後才學到，原來小孩的社交在美國是這麼受重視的一項活動。我們小孩在一、二年級還在學校時，就經常有家長約我們的小孩到家裏去玩，還有他們游泳隊的家長也會邀約。

我們會讓小孩帶著玩具、書籍，或者是吃的東西過去，家長也常常熱心邀我們進去坐坐，原先我們以為是客套，也就婉拒了，後來發覺有些先來的家長已經坐在裏面，我們入境隨俗也進去之後，發現父母聊聊孩子，聊聊生活，還真有許多可以說上話的題材。看看小孩子在一起玩耍，大家分享玩具，有時還會吵架，父母還要一會聊天，一會排解小孩的紛爭，觀察小孩在互動中學習如何和不同個性的同伴相處，覺得時間一點也沒浪費。

後來，慢慢的，在別的家長暗示之下，我們也開始邀請別人家的小孩來家裏玩，這樣的經驗，也讓我們有機會近身觀察不同家庭背景的小孩，這是一件很有趣的事，你會發現家庭對小孩的一輩子，真的有很大的影響。父母和小孩真的有許多的相似處，自己感覺不出來，別人卻看得一清二楚。

這其中也發生過許多有趣的事。有一次一位小朋友的舉止很怪異，他會突然眼歪耳斜，頭傾一邊的怪叫一聲，大概幾分鐘會出現一次。他的家長怕嚇到我們的小孩，特地陪在一旁，和我們解釋他兒子患有妥瑞症（Tourette Syndrome，一種神經抽動症合症），已經在服藥，但是偶爾還是會發作。

我告訴他我知道妥瑞症是什麼，叫他不必擔心。但是事實上，我只有在書上讀過這項病症，還沒有真正看過病症發作的樣子，我們是比較擔心孩子會有什麼反應，看看孩子們一邊丟著橄欖球，一邊聊天，並沒有什麼異狀就放心了。

後來同伴回去之後，我問我的孩子，知不知道Sean有妥瑞症，他們說，不知道妥瑞症是什麼，但是「沒關係，他是我的朋友。」（That's ok. He's my friend.）這麼多年過去，這位同伴已經沒有聯絡，不知他們在何方，希望他們一切安好。我至今還會想到他們，感激他們和我的小孩做朋友，也讓我的小孩學習包容不同的人。

PART II

大腦與行為

CHAPTER 4
自我動機

羅徹斯特大學（University of Rochester）臨床及社會心理學教授Edward Deci和澳洲雪黎天主教大學心理及教育系教授Richard Ryan共同發展出自我決定理論（Self-Determination Theory，簡稱SDT）。

這是一套探索人類心理動機的理論，它的大要是說人們做一件事情（可能是成人的一項工作或是學生的學業功課）的動機可以分成兩個層面來解釋。

外在動機與內在動機

第一個層面是所謂「外在動機」（Extrinsic Motivations），外在動機指的是來自本身之外，驅使我們去做某一件事情的力量，它可能是得到某種獎賞，比如說學生的成績，員工的工作評量等；它也可以是避免某種懲罰，如別人對我們的負面評價等。

由外在動機驅動的行為的例子包括：

一、學生努力學業，因為可以得到全班第一名（或前三名等等）的成績。

二、參加羽毛球比賽，因為可以拿到獎杯，獎狀等榮譽。

三、參加科展比賽，以得到保送升學。

四、上班保持全勤，以得到全勤獎金。

以上是獎賞的外在動機。另外，消極的避免處罰也屬於外在動機，例如：

一、學生努力讀書，因為考試不佳，會被老師打手心。

二、學生打掃廁所，否則要罰站。

三、員工要參加公司運動會，否則扣薪。

第二個層面叫做「內在動機」（Intrinsic Motivations），指的是與外在因素無關，驅使我們去做某一件事情，來自我們自身的原因。內在動機可以是自己的興趣、好奇心、所關心的事，或是源自於自我的價值判斷。內在動機經常沒有來自外部的獎勵或支持，卻能讓我們持續對某一件事情有熱情、有創造力，能長久的專注。

內在動機驅動行為的例子有：

一、學生做數學功課，因為覺得非常有趣。

二、員工熬夜加班寫企劃案，因為整個計畫令他興奮，想要全力以赴。

三、參加桌遊聚會，原因是喜歡桌遊，以及期待和朋友相聚。

四、解報上刊載的謎題，就是想找出答案。

五、參加籃球比賽，因為愛打籃球。

六、到慈善機構當志工，因為想要幫助需要幫助的人。

外部的力量和來自內部的動機和自我需求相互激盪和作用之下，推動我們去從事一件工作，這就是Deci和Ryan發展出的SDT理論的主旨。

根據SDT的理論，人類有三種與生俱來的心理需求必須要被滿足，這三個放諸四海皆準的心理需求是：

一、勝任或能力（Competence）：人類有控制環境的欲望，希望知道一件事最後的結果是和我們所希望得到的一樣，以證明我們足以勝任工作。

二、相關性（Relatedness）：人類有和別人互動、連結，以及關心別人的心理需求。我們的行為和活動關係到他人，並且在其中尋求歸屬感。

三、自主權（Autonomy）：人們有自己的生命，自己作主的欲求。Deci和Ryan特別說明自主權和「獨立」於他人之外是不同的一回事。

內在動機vs.外在動機，究竟哪個好？

很難說內在動機和外在動機哪一個好，如果「好」的定義是有效，那麼兩種動機在不同的狀況底下，有時某一種會比較有效。當內在動機根本不存在時，就需要適當的使用外在動機。

比如說，當我們想讓小孩子學習某種技能，例如繪畫、球類等，而他並未展現高度興趣（內在動機闕如）時，給予口頭鼓勵或某種程度的物質獎勵（外在動機）是有效的。請注意，口頭鼓勵或是對表現的回饋（feedback）也是屬於外在動機的範疇，所以單純的認為外在動機就是物質或金錢獎賞是錯誤的。還有，外在動機有時是間接、曲折的。

高爾夫球星老虎伍茲（Tiger Woods）的父親為了要培養伍茲愛上高爾夫球，特地在他很小的時候在他面前和朋友通電話，約著要去打高爾夫球，引起伍茲對高爾夫球的好奇和興趣。最後的結果是小老虎不停的央求父親帶他去，父親拗不過，只好答應。

因此，外在動機有時是很有效的。有創意的外在動機，常會有意想不到的效果。另外，外在動機可以是促成內在動機的觸媒。學者研究，當外在動機被內化（internalize）之後，可以轉變成內在動機。比如，伍茲看大人打高爾夫球之後，愛上這項運動，自己回家也要學揮桿，這就轉化成為內在的驅動力了。

外在動機也有可能被誤用，產生反效果。學者研究發現，某些已經具有內在動機的行為，當加入外在動機時，反而會產生減法效應，使得內在動機降低或消失，這在心理學上叫做過度矯正效應（overjustification effect）。比如說，幼稚園的小朋友喜歡在休息時玩一個有趣的玩具，他的動機是單純覺得很好玩，如果老師特別獎賞小朋友（因為你玩這個玩具，所以這塊巧克力給你），這個時候小朋友可能會對玩這個玩具失去興趣，下次再休息時，他可能就不會去碰它了。

為什麼原來就愛做的事，得到獎賞時，反而會失去興趣呢？學者認為，可能的解釋是因為外在動機是比較彰顯的，內在動機則較隱晦，不容易察覺。人們會比較容易注意外在動機，而忘了內在動機。所以小朋友會忘了玩具是好玩的，他會記得的可能是老師要他玩這個玩具，他好像是被迫，或是被「賄賂」來玩它，他會覺得沒趣，下次就不玩了。

外在動機如果是以口頭激勵的方式行之，還必須要注意到表達方式，否則也會達到反效果。我們以口頭方式獎勵小孩時，注意要鼓勵的是他的努力（我可以看到，你這次非常的努力，做得很棒！），而不是他的能力（你太聰明了！）。因為如果他認為表現好是他的能力強，下一次他可能就不準備、不努力了。更糟糕的是，這樣的獎勵會讓小孩養成「固定心態」（Fixed Mindset），認為任何事情表現好壞，完全是天生的能力，是不會改變的。下次遇到表現不好或其他挫折的時候，他就不會更加的努力，以扳回局面，這是非常不好的事。

反過來說，如果他得到的獎勵是讚許他的努力，他會養成「成長心態」（Growth Mindset），一旦碰到挫折時，他會認為是自己努力不夠，下次加倍努力，他自認可以表現得好，可以反敗為勝。這種成長心態會影響他一輩子碰到失敗時的態度和處理方式，是非常重要的。有時候父母的一句話，會影響到小孩子一輩子對某一件事的態度，真的不能不慎。

但說了這些，並不表示外在動機是無效或有反效果的。相反的，如果使用得恰當，外在動機是非常有威力的武器。操作外在動機，有三個原則要遵守：

第一，多使用那些能誘發內在動機的外在力量。前面提到老虎伍茲的故事就是一個例子，另外，正確的口頭鼓勵也能引發內在動機，應多加善用。

第二，外在動機和表現必須符合比例原則。舉例來說，如果小孩只是做完功課，就給他一大堆的讚賞，那他以後做這件事的內在動機就發動不起來。意思是說，那些不合比例的、過分的口頭讚許澆息了他的內在動機，以後他最多做完功課就停了，至於工作的品質及努力的程度，那就不是他關心的事了。

第三，意外的外在獎賞並不會降低內在的機動。例如，小孩很喜歡數學，每次數學考試，他的企圖心很強，都要做到連一題都沒有答錯才會滿意，這是他的內在動機。父母或老師偶爾或在預期外的給他鼓勵（比如說到餐廳吃一頓），並不會削弱他的內在動機。

那麼究竟如何使用外在動機才是最恰當的？這就要回到前面提過的三種心理需求：勝任（能力），相關性和自主權。

能夠滿足這三個心理需求的外在動機因素就是好的。如果外在獎勵可以增加勝任的感覺（我有能力把這件事做得很好），或指出相關性（我做這件事可以幫助別人），或增加自主權（這是我的工作，我有完全的自主權，我也必須負完全的責任），也就是說能滿足人的三個心理需求，這就是有益的外在動機的作法。如果獎賞的結果是讓人更努力的想獲得獎賞，結果會產生反效果。

許多企業以績效獎金、年終獎金等激勵員工努力表現，員工的心理需求——勝任、相關性、自主權——並沒有得到滿足，會讓員工變成追逐的只是各種獎賞，而不是工作帶給他們的成就感以及快樂感。長此以往，就像飲鴆止渴一樣，當獎賞變成追逐的目標時，沒有更大的獎賞就沒有辦法驅動員工，變成像吃止痛藥一樣，下次需要更高劑量的藥才能止得了痛，造成一種永無休止的惡性循環。

《用獎賞來懲罰》（*Punished by Rewards*）的作者Alfie Kohn說過一段類似這樣的話：獎賞通常對極為簡單的工作才有效，而且就算有效，也只是在「量」的表現上有效，無法增加工作的品質。這裏只是舉公司為例子，父母對待子女，老師對待學生，學校對待老師，道理是一樣的。

Alfie Kohn談到學校教育有一段話，值得我們參考：

「……在教室裏，真正重要的不是老師教了什麼，而是學生學到了什麼。當四年級的學生被問到老師在課堂上說了什麼，他們的回答不是『問有深度的問題』、『做負責任的決定』，或『幫忙其他同學』。他們的回答是『安靜下來』，『不要搞亂』，『準時做完』……」

這段話，不只適用在教室裏，在家裏，父母是不是也常對小孩說著同樣的話。事實上，成人們應該非常注意的是，我們講的話，小孩子聽到耳裏時，到底是什麼。如果你注意的話會知道，你以為孩子聽到的，和他真正聽到的，永遠有段距離。很多時候，你愈是強調的話，他愈是充耳不聞，他所吸收的，是你不經意講的其他的話，上面Kohn提到的一段話，就是最好的例子。

成人們應該戒慎恐懼的是，我們講的每一句話，都影響到孩子對事物的看法，以及他們做事的動機。

知名作家（他的書被翻譯成三十四種語言），也曾經擔任美國副總統高爾（Al Gore）文膽的Daniel Pink，在他的TED演講裏提到，科學所知的，和企業的管理方式，有著很大的差距。企業永遠採用大量的外在動機方式來推動員工的表現，也就是採用的都是所謂胡蘿蔔（獎勵）或棍子（懲罰）的方式。

Pink認為，在二十世紀，這些方式或許還管用，但現在是二十一世紀，這一套機械式的方式，科學老早已經證實這是無效或副作用很大的作法，為什麼企業還在食古不化？還在採用過時的老方法？他這段話對企業適用，同樣也適用於教育——學校教育與家庭教育。

在學校和家庭，我們不停的強調考試、升學、考好成績、進好學校。問題是，進了好學校、好科系，又怎麼樣呢？如果孩子習慣的是被外在動機指使，那麼那些成功最需要的特質——夢想、興趣、好奇心、熱情、冒險、創造力、堅持不懈、由失敗中反彈等——同時也是來自內在動機的特質，要從哪裏來呢？

如果內在動機因為長久受到外在動機的遮蔽，對孩子是完全陌生的事，那麼如果沒有其他作法，去喚醒他內在的能量，那你可以預期，他的一輩子大概就是到這裏為止了。我們環顧四周，很容易就可以找到這樣的例子。

那麼，我們怎麼培養小孩子的內在動機呢？我在這裏簡單分享幾個重要的作法。

第一，自主權。把自主權還給小孩，養成他從小自己做決定，為自己決定負責的習慣。不要再為他鋪路，因為他必須要走自己的路。我看到太多小孩根本是父母的傀儡，父母在活他的生活，他只是自己生命的配角或配合演出的人，這問題的嚴重性已經不是內在動機的問題，而是另一個大題目了。

回到培養內在動機的主題，老師和父母必須讓小孩對他所做的事有「擁有權」（ownership），比如說做一個Project，小孩由選題目開始，一直到問題的發生與解決等，大人最好放手，或許他會做得很糟，但那是他學習的方式，也是他發現自我內在動機的機會。如果大人干涉太多，孩子就會變成坐在後座的乘客一樣，永遠也不會認得路要怎麼走。

有一位家長告訴我們，小孩子回家的作業就是抄書上的一段內容，再不然要交的報告，老師也都提供好資料，學生只要把固定的資訊搬到報告裏，就算完工。這樣的作法，斲傷了孩子的內在動機，難怪小孩子對學習提不起勁，難怪小孩子成長到必須自主的時候，還不知道自主為何物？

第二，鼓勵自我指引（Self-Direction）。我們了解，課堂的管理需要學生遵守規定（compliance），但是老師必須要了解，課堂秩序不是一切，我們最終要的，是學生有自我指引的能力，縱使強調自我管理可能一開始會讓教室不好控制，但是當每個學生學到為自己負責時，教室的管理會比較輕鬆。控制兩個字，常常犧牲的是學生自我規範的本能，那根本太不值得。不只是教室，家庭裏對小孩的教養更不該為了父母的方便而失去了讓小孩學習自我指引的機會。

第三，永遠不要再把懲罰變成動機。老師和父母一定要把對小孩的威脅，例如「如果你不……，我就……」這類的句型，由你們的語彙中去除。當然，對懲罰的恐懼有時是一種有效、甚至很有威力的外在動機，但是我們說過，這樣的外在動機會淹沒小孩的內在動機，是完全不足取也不應該採用的作法。

第四，讓小孩覺得他有能力。這聽起來像老生常談，卻非常基本而重要。我看很多孩子，可能是長期受到學校及家庭教育的錯誤暗示，自尊心（self-esteem）很薄弱，常覺得自己能力不足，或是自我設限。我們要經常鼓勵小孩去嘗試，告訴他失敗沒關係，做不好是可以接受的，讓他覺得安全，讓他有後援去冒險。請多用「你行的」、「你可以做到」這類的正面言語。

第五，讓小孩學會挑戰自己。要小孩挑戰自己，他必須要先相信自己可以，這我們在上一點提過，和成人的態度有關。小孩有了自信，自然會想更上一層樓，挑戰自己，這是人類的本性。老師、家長要給予激勵，但不要插手，讓小孩自己做到，感受到自我價值

（Self-worth），這樣一來，強烈的自我動機自然會呈現出來。

第六，**讓小孩做的事有更高的目標**。同理心（Empathy）與利他（Altruism）是人類的本能，幫助小孩把他們做的事情和幫助他人、幫助社會結合在一起，他們會有更強的內在動機。

比如說，在選擇學校的Project的時候，挑選有助於解決社會問題的題目，他們會因為所做的事有更高的目標而帶勁。這同時也與我們提過的三大心理需求其中的相關性（Relatedness）——也就是人類渴望與其他人互動與關心他人——有關，也就是說，崇高的目標一方面滿足我們助人的心理需求，一方面提高我們的內在動機。

第七，**多讓小孩有團隊合作的經驗**。幫助團隊其他成員，為大家合作的成果感到驕傲，會大大的增強自我動機，這是人的本性，這也就是為什麼我們會發現小孩在和同學一起合作時會特別來勁、特別賣力的原因。

第八，**給小孩真實及真誠的回饋**。真實是不做假，說事實。真誠是不挑釁、不諷刺、鄙視、不預設立場。

我聽過有些成人批評小孩的言語不是多所阿諛，極盡討好之能事，聽起來遠離事實，而且很不誠懇；再不然就是根本幾近謾罵的人身攻擊。這兩種極端都在打壓小孩的內在動機。真實及真誠加在一起的意見，可以改變小孩的行為，讓他下一次可以改進缺點，做得更好。

第九，讓小孩為他所做的事負責。從小就要教育孩子，所有的行為（behavior）都會造成某種結果（consequences），結果有時候是好的，有時候是不好的。但是無論何種結果，他必須要為自己行為所造成的結果負責（responsibility）。大人要讓孩子知道，即使是小孩子，也要對自己做的事負責——他的成功、他的失敗，他都要負責。這樣，有一天，他才能成為他的命運的主宰者。否則，他的命運永遠要由他人決定。

第十，想辦法讓學習更有趣。學習的呈現方式可以有很多種，成人可以想很多辦法讓小孩的生活更有趣。先從學校開始，課堂不要一成不變，教學方式不要永遠固定，學習內容可以有很多創新，甚至連教室的顏色、布置的方式，都可以影響孩子的學習動機。如果教學可以由引起學生興趣出發，你會發現學生會變得專注許多。舉例來說，有許多枯燥的算術或代數題目，可以用猜謎方式來挑戰學生，人類好奇的本性就是最好的動機。

當然，加強小孩的內在動機，讓他們能自動去做他們應該要負責的事，方法還有很多，大人們可以根據我們談過的原則，發揮創意，帶小孩進入一個充滿愉悅與滿足的學習和生活環境。

讓孩子思考自己的未來

在這裏，容我再給家長出一個作業，這是一個你可以和孩子一起做的實驗，這個實驗，能改變小孩對他一生的看法、想法和作法。

這個實驗是源自於一個叫做時間偏好（Time Preference）的概念。時間偏好指的是當我們要做一個決定時，所考慮的時間點有多遠？研究結果發現，一般青少年的時間偏好約是十二至二十四小時，也就是說他們是依據在十二到二十四小時之內，他做的某個決定會有什麼正面或負面的影響來做成他的決定。這個思考方式叫做立即享受型的思考（Instant Gratification-centric Thinking）。

比如說，一個高中生考慮要不要休學，他考慮到的是如果休學，明天要交的Project就可以不必管它（十二至二十四小時的時間距離），而不是考慮到如果他現在休學，對他未來的人生，會有什麼負面影響（以後找工作需要學歷怎麼辦）。

根據這個研究，可以做出的結論是，如果我們可以幫助小孩看到遠一點的未來，由十二至二十四小時變成好幾週、好幾個月，甚至好幾年，那麼他的很多決定都會改變。

我給家長的功課是，請和小孩一起坐下來，一起思考他的未來（注意，家長不要變成主角），夢想他五年、十年、二十年後的人生。我可以跟你保證，你們做的這個功課，會讓他更看清楚他的未來，更會改變他眼前做事的動機和行為。

CHAPTER 5 習慣

因為改變壞習慣這件事情和大腦的運作息息相關，因此是我多年研究的題目，我根據許多科學研究的結論，發展出我自己的一套改變壞習慣、養成好習慣的理論和作法，我也曾用我這套方式，幫助包括我自己在內的人改變他們不要的習慣。

這裏我簡單歸納我這套方式的十一個重點：

第一，習慣沒有好壞

對大腦來講，習慣不分好、壞，大腦分不清楚什麼是好習慣，什麼是壞習慣。它遵守的原則是習慣迴路的三部曲——觸發——行為——獎賞，好習慣，壞習慣都是如此。因此，要改變壞習慣，唯一的辦法就是改變你的大腦。改變大腦好像是一件很嚴重而且很困難的事，真的做得到嗎？答案是，要改變大腦，真的不簡單，但是絕對做得到。要根除壞習慣，不是把它連根拔除，這在大腦是辦不到的事。

《紐約時報》記者，也是暢銷書《為什麼我們這樣工作，那樣生活？》（*The Power of Habit*）作者Charles Duhigg提過一個他自身的例子。他說他在報社養成一個習慣，寫稿寫累了，他就跑到新聞室的餅乾罐子買一片巧克力餅乾，要不了多久，她太太發現他體重增加，警告他不能再吃了，他才驚覺自己胖了八磅（三點六公斤）。他馬上想辦法戒掉他吃餅乾的習慣，他的方式就是告誡自己，「吃餅乾會變胖，變胖不好，不要再吃了」，他在便利貼上寫下警語，貼在電腦螢幕上，提醒自己不能再吃了。但是完全沒有用，他發現自己還是時間到了，就下意識走到餅乾罐子買他的巧克力餅乾，塞下肚後，才覺得滿意。

他的舊習慣依舊頑固的屹立不搖，我知道很多人有同樣的經驗，同樣改不掉的困擾。這就是為什麼超市、大賣場喜歡把餅乾、巧克力、口香糖這些東西擺在收銀台邊，他們就是在提供習慣迴路裏的誘因，讓消費者產生購買的行為（第二步），以得到滿足（這就是獎賞，就是習慣迴路的第三部）。Walmart、Costco、Target、Whole Foods全都知道怎麼直接去訴求你的原始大腦，讓你想都不必想，直接掏錢購買。

我們的壞習慣改不了，而且愈想改，習慣就變得愈頑固，大腦這時進入叫做決定疲乏

（Decision Fatigue）的狀態。「決定疲乏」的現象是說，當我們做了太多決定之後，接下來做的決定品質就會急速下降，做出一些不智的決定。

史丹佛大學和普林斯頓大學的研究告訴我們，廠商多會利用消費者決定疲乏的時候，再加賣一些讓你買了會後悔的東西給你。譬如說，汽車銷售員不但賣汽車給你，馬上跟著還會賣很多其他附加品給你，要你做一連串購買的決定，你回家時才發現，怎麼連車窗的隔熱貼紙、車底的防銹塗層也都買了，這就是廠商在利用我們「決定疲乏」的弱點。

同樣的，如果你不停騷擾大腦，要它不要做某個決定，大腦會經驗到決定疲乏，做出更糟糕的決定。用這樣的方式想要拔除舊習慣，只會得到適得其反的效果。

第二，找出習慣迴路的內容

我們知道我們有什麼壞習慣，這是習慣迴路中的行為或例行公事（Routine）。舉例來說，抽菸、酗酒、吃違禁藥品、上賭場或上網賭博、暴飲暴食、吃垃圾食物、不運動、不做功課、說謊、咬指甲等，這些可能是我們要改的壞習慣。但是要找出壞習慣的觸發（為什麼會引發壞習慣的誘因）和獎賞（做了壞習慣之後有什麼好處）卻不容易。

Charles Duhigg在他的書上說過，事後去看一個習慣的觸發和獎賞是容易的，但是在當下，也就是說習慣在進行當中，要明確知道「獎賞」是什麼，其實很困難。比如說，咬指甲這個習慣的獎賞到底是什麼，這就不是那麼容易找出來。但是打破壞習慣的第一步，就是找出壞習慣的誘因、行為和獎賞，然後把它寫下來，這樣我們才算是看清楚了敵人。

第三，了解習慣是無法去除的

要改變壞習慣，首先要理解習慣是無法除掉的，壞習慣或舊習慣，只能被新的習慣「取代」，而不會憑空消失。這是因為大腦的習慣迴路不會突然就不見，這就是為什麼告訴自己「不要再貪吃餅乾」或「從今天開始不抽菸了」這類方式無效的原因。因為迴路還在，誘因出現了，你就別無選擇，必須要走那個迴路。這就好像除非挖出另一條河道，只要水還在，河水怎麼樣都得往下流。

迴路可以改變，新的行為可以取代舊的行為，新的迴路可以置換舊的迴路，這是習慣能被改變的唯一方式。舉例來說，要改掉每天下課看四個小時電視或玩四個小時電玩的習慣，我們要先想好，那這四個小時要做什麼，以取代看電視、玩電玩？而這個新的行為必須和舊行為一樣，能夠提供類似的獎賞。

比如說，如果某人看四小時電視的獎賞是得到新知，那新的行為就必須能夠提供「得到新知」的獎賞。因此新行為可能是看報紙、看書，也可能是和能提供新知的人聊天等。如果另一個人花四小時看電視的獎賞是得到視覺與情緒的滿足與放鬆，那新行為可能就會是去逛畫廊、去劇場看戲、聽音樂、玩音樂、從事業餘創作等。所以這就是為什麼我在第二點提到，必須要找出習慣的誘因和獎賞的原因。了解習慣基本的運作原理之後，我們可以開始專注於怎麼改掉不想要的習慣。

第四，事先想好一套方案

讓我舉個例子：星巴克僱用的服務人員很多都是高中畢業、十七、八歲的小孩，泡咖啡、親切招呼客人這些事難不倒這些孩子，可是三不五時碰到在公司被老闆罵的，或在路上和人發生衝突，總之是好像吃錯藥，情緒不好的客人，在店裏發起脾氣來，並不是不常見的狀況。碰到這種狀況，這些涉世未深、血氣方剛的年輕孩子容易被激怒，也會和客人鬥起口角來，不管誰對誰錯，總之不是公司樂見的事。

這件事的習慣迴路是客人不講理（誘因），服務生就和他槓上（行為）。星巴克的心理學家已經想好一套對策，他們的作法是改變服務人員的行為，當誘因產生時（客人因為任何理由不高興），他們要求並訓練服務生執行另一套行為：仔細聆聽客戶的抱怨，不必思考，立刻道歉，向客人解釋這種事永遠不會再發生，謝謝他提供寶貴的意見，給他一杯免費的拿鐵（Latte）。這個新的行為的獎賞是微笑現在展現在客人的臉上了，年輕服務生得到帶給客人愉快經驗的愉悅感。舊的習慣迴路（和客人爭執）被新的習慣迴路（道歉↓表達感謝↓奉上免費拿鐵）取代，這就是習慣的威力。

另一個有趣的例子，是當商業產品設定消費者的使用習慣迴路錯誤，產品根本賣不出。寶鹼（Procter & Gamble）這家公司有一個產品叫做Febreze，這是一種除臭用的空氣清香劑，它原來設定的銷售對象是養貓、狗的家庭用來除寵物臭味的除臭噴劑，但是產品推出後銷路一直不振，市調人員問客人是否會購買Febreze，養寵物的客人回答「我不需要用這個東西，我的貓非常乾淨，身上一點味道也沒有。」原來公司設定的銷售對象會有的使用習慣迴路——寵物有臭味（誘因）、噴除臭劑（行為）——根本不存在。寶鹼回去改良產品，加入香水，壓過除臭劑的味道，重新設定產品定位，使用了香水級的空氣清新劑，用後讓空氣充滿令人愉快的香味。這下子銷售業績馬上變成長紅，因為它養成了消費者新的使用習慣。

看了這兩個例子之後，我們很清楚的知道，**要改變舊的習慣，必須要事先想好應對的方案，當觸發舊習慣的誘因產生時，代之以新的處理方案**。比如說，想戒菸的人，當抽菸的欲望來時，他要先想好怎麼應對（比如說嚼口香糖或深呼吸等）。比如說，想戒掉習慣在Facebook花許多時間的人，當誘因發生時，他就拿起愛讀的書，讀它五分鐘，這都是以新的習慣取代舊習慣的作法。我們說過，習慣是一個自動化的反射動作，如果沒有事先想好一套方案，一旦習慣的誘因產生時，我們一定要走一條路，當新路不存在時，就只能走回舊路。反過來說，當新路已準備好，新的習慣就能產生。

第五，先花一段長時間思考改變壞習慣

改變舊習慣勿急於一時，放慢腳步，進入一個慢動作的階段，給自己一個月的時間，慢慢觀察、記錄自己的壞習慣。

這也呼應我前面提到的，要找出習慣迴路裏的誘因及獎賞。是什麼誘發你去做這個習

慣動作？做了之後，你的感覺是什麼？什麼時候你會做？多常做？

記下每一次你做這項習慣的時間和狀況，除了單純的紀錄之外，也寫下你的想法，任何心路歷程都可以寫。你會發現，只是拿筆記錄你的習慣，還沒正式進入修改舊習之前，你已經降低了壞習慣的頻繁度了。

這是因為你的Awareness（意識、警覺）已經提高了，你已經把這項想要革除的惡習，由不經大腦的自動反射動作，提昇到由高階知覺大腦（就是前額葉皮層）掌管的部門。這個時候，在你的「習慣日記」裏，你就可以開始思考並寫下對策。你準備以什麼樣的新習慣來取代舊習慣，好像在自我腦力激盪一樣，你可以同時計畫好幾種方案。

如果你急著想要開始，我建議你克制一下，放慢腳步，因為你的警覺度愈高，改變壞習慣的機會就愈大。

第六，要戒慎恐懼，如履薄冰，由小小的改變開始

要改變壞習慣，如臨大敵似的慎重態度是關鍵。輕忽壞習慣的頑強力量常是功虧一簣最大的原因。記住，你要征服的對手是經過幾百萬年演變的原始大腦，如果你認為隔壁

九十歲的長者是老頑固的話，想想看萬年長生不老的老頑固會變成什麼樣。

慢慢來，由嬰兒步開始，把壞習慣一部分、一部分拆解，最後你才有辦法完全瓦解它。比如說，你想要改掉愛吃糖的壞習慣，你要用的方法是逐漸減量的方式，剛開始，把加在咖啡裏的糖減量或把奶精改成低脂牛奶等，一步一步慢慢來，最後才能竟全功。

德州大學奧斯汀分校的心理學教授Art Markman表示，**人們在面對改變壞習慣這件事情上常犯的一個錯誤是，常常態度輕忽，不把它看得很嚴重**。他認為我們應該要全力投入，仔細想清楚會發生哪些狀況，堵死所有的缺口，認認真真的去執行，因為許許多多的障礙都是真實的。如果輕忽敵人的實力，到最後多半會功敗垂成，鎩羽而歸。

第七，不要設定負面目標

我的意思是，**要改變舊習，不要說你不要做什麼，而要說你要做什麼**。

舉例來說，不要說你要少吃點，不看電視，不抽菸，少上臉書，這些都是負面目標，這樣的設定，只會讓你最後敗下陣來，因為我們說過，要戰勝壞習慣，防堵政策是行不通的，而是要採用疏導法，開發出一個新迴路來取代舊的渠道。

所以我們要做的方式是談我們要做什麼，不是不要做什麼。要改掉咬指甲的習慣，一直告訴自己不要咬是改不掉的；我現在正一面思考，一面寫作，我的右手抓著筆，左手抓著一個叫做Tangle Therapy的玩具，它是一個用多關節結合成類似麻花卷的塑膠環狀物，上面有粗粒觸感，可以任意扭轉角度，讓人鬆弛緊張情緒。對我來說，它還有另外一個功能，它讓我的左手握著一樣東西，免得不知不覺就放到嘴裏咬起指甲來。

第八，改變環境

要改變舊習，先得改變環境。要讓我們容易執行新習慣，不容易去做壞習慣。這個很容易理解，比如說如果你想改掉吃冰淇淋的習慣，可是你的冰箱卻放了一大桶冰淇淋，那你不是在和自己作對？如果你的冰箱或食物間沒有冰淇淋，有的是健康又好吃的零食，那你是不是比較有機會戒掉吃冰淇淋的習慣？

當然，改變環境並不等於改掉舊習。真的想要吃冰淇淋的話，你也可以跑出去買，而且不用跑太遠，便利超商就有，二十四小時都有。我看過一部影集，裏面的主角是AA（Alcoholics Anonymous，簡稱AA，一個匿名參加的戒酒者俱樂部）的成員，意思是他過去是位酗酒者，現在正在嘗試戒酒中。打岔一下，戒酒的意思是一滴酒精都不碰，這並不容易，因為仔細一看，酒精環繞著我們周圍。

影集裏在慶祝主角好朋友的生日宴會，他在好朋友堅持下，不去不行，結果所有人都在喝酒，大家知道他在戒酒中，當然不會對他勸酒，但過去喝酒的人聞到濃濃的酒精味，是個很大的挑戰。

好朋友的妻子見狀，請外燴給他煮了一碗義大利麵，他吃了一口之後，才發現廚子加了酒，無辜的廚子說，他煮了二十年的義大利麵，每一盤都加了酒的。另一個朋友趕快拿出他太太親手做的蛋糕，切了一塊給他，他準備大快朵頤的時候，朋友太太從另一個房間走過來，親切地問他，「我加了蘭姆酒的香草核桃蛋糕味道怎樣？」這位主角戒了一年的酒當晚破功。在電視影集裏，這是一個笑話，但也說明了要改變一個習慣，一定要改變環境，否則沒有可能成功。

第九，想辦法降低壓力

舊習慣有可能是我們在某種壓力底下所產生的應對方式。要改變這類的壞習慣，必須找出最原始壓力的根源。另一種狀況是，舊習慣的成因雖非源自某種壓力，但是生活上發生的其他事件，卻會造成新的壓力，使我們更難改變舊習。

比如說一個戒菸中的人，突然因為某種原因被革職，或生活發生變故，都會產生新的壓力，降低抗拒舊習的意志力，結果變成開戒。所以要改變壞習慣，必須特別注意在生活的各個層面，防止預期外壓力的加入。可以降低壓力的方式很多，運動、靜坐都是很好的方式，另外睡眠也是很重要的元素，睡不好或睡眠不足，都會大大影響到我們對改掉壞毛病的堅持力和專注力，這是非常需要防範的地方。

第十，要建立支援系統

我們都聽過，要減重，一定要告訴所有親朋好友，大家一起來幫忙。幫忙有多層意義，知道你在減重，就不要邀你去吃到飽的自助餐，也不要拿多糖多油的食物給你吃。不僅如此，減重最有效的方式是揪朋友一起來，既然物以類聚，如果你過重，不過重的人就不會是你的好朋友，大家一起來減重，互相鼓勵，互相監視，比較不容易失敗。

如果不能大家一起來，至少在你面前，大家可以幫助你，不要在你面前吃你喜歡但是不應該吃的食物，就像我前面提到的影集主角的例子，那些損友是造成他戒酒失敗的主因。雖然是虛構的電視情節，但是類似的情形，難道沒有在我們生活裏不停發生嗎？

第十一，暫時的失敗並不代表永久的失敗

改變壞習慣能一舉成功，固然可喜可賀。但通往成功的路，並不是只有一條。如果戒除壞習慣的路途裏，因為壓力、情緒或其他原因，讓你破了戒，你不應該認為「既然破了戒，不如一不作，二不休，從此開戒。」另一種人可能就會過度苛責自己，覺得自己意志力薄弱，不但喪志，連自己的人格都懷疑了起來，這些都是無益的作法。

正確對待壞習慣復發（relapse）的作法是，不必喪志氣餒，也不必驚慌，把失敗當成是通往成功路上暫時的挫敗，好像從腳踏車上跌了一跤，再站起來，拍拍身上的塵土，繼續上車出發，循著我們計畫前進的方向，堅持不懈的往下走，總有走到的一天。

原始大腦與現代大腦

我們碰到父母最常問到、也就是最關心的問題之一是：如何幫助小孩拔除壞習慣，養

成好習慣？這其實是兩個問題，我們就先來談怎麼去掉孩子的壞習慣。首先，我們先來看看，習慣是什麼？它是由誰在控制的？這當然是一個和大腦有關的問題，不能不由大腦談起。

人類的大腦經過數百萬年的進化，演變成今天這麼複雜，難以理解的一個謎團，許許多多科學家窮一生之力，只能窺探神祕大腦的千萬分之一。有人說，腦神經科學是二十一世紀的顯學，真是所言不差。現在最熱門的人工智慧和機器學習，都是在模擬人類大腦的運作和功能，這一代和下一代的重要任務之一，就是解開大腦的奧祕。

回到數百萬年前，人類大腦剛開始發展的那一部分，我們叫做「原始大腦」（Primitive Brain），又叫做「邊緣系統」（Limbic System）。

原始大腦的唯一目標就是確保人類的生存。要生存，大腦要完成這幾件事：一，找食物；二，找交配對象，以延續生命；三，找安全住所，以避開掠奪者。

在自然界，人類比很多其他動物瘦小，跑得又慢，牙齒也不利，憑什麼生存下來？憑藉的就是他的大腦（雖然那時的大腦還是很原始）。人類的原始大腦為了要完全這三個任務，所以在看到食物時，會讓我們產生食慾，盡全力去捕食。吃飽了之後，大腦就開始抓住機會傳宗接代，確保人類的永續。要保持永續，除了衍生下一代之外，還要找到安全的居所，免得自己或下一代成為掠奪者的祭品。

所以原始大腦的工作方式就是直覺式的反應，它是不思考的，是直接的反射。我們所謂的「習慣」，也是一種不經思考，直覺式、反射性的動作，那是屬於原始大腦掌管的區域。這也就是為什麼要改變習慣那麼困難，因為習慣是根深柢固的、是不理性的，管習慣的大腦部位為什麼叫原始大腦，因為它是不講理的，和原始大腦談判，就像秀才遇到兵，真的是有理說不清，白費力氣罷了，這就是我們的原始大腦。

後來大腦繼續進化，人類在長久的獨居之後，發現群居的好處。群居可以有人互相幫忙，讓他可以更容易的達到那三個生存的條件——食物、交配、安全。群居之後，聚落式社會型態就開始成型，大腦這時候發現原始大腦不足以應付這種新的生活方式，因為它需要和別人合作，達成共同的目標，完全不理會別人是行不通的。所以就開始慢慢進化出新的大腦區域，我們叫它做「現代大腦」（Modern Brain），或叫「前額葉皮層」（Prefrontal Cortex）。

這一部分大腦的工作和原始大腦完全不同，它需要學會和別人合作，需要遵守社會規則，它的目標也有三個：一，不要偷吃別人的食物；二，不要偷別人的配偶；三，不要偷別人的住所。

要達到這些目標，現代大腦必須發展出新的能力，這個新能力的工作就是抑制原始大腦的慾望，所以這個新的能力我們稱它做：自我控制（Self-Control）。

你可以看到，現代大腦和原始大腦幾乎是相對立的，無怪乎它們經常意見不合，一個（原始大腦）喜歡炒短線，什麼事情就不假思索的去追求，是個遇事衝動的傢伙；另一個（現代大腦）看的是長線，想的是如何壓抑短線，達成長期目標，是個會顧後果的文明人，這兩者的衝突，常讓我們陷入天人交戰。

習慣迴路

習慣的養成有三部曲，我們叫做習慣迴路（Habit Loop）。

習慣迴路由觸發（Cue，又叫 Trigger）開始，觸發是產生習慣的引子，或叫觸發點，也可以說是一種暗示，它告訴我們的大腦——原始大腦——進入自動模式，展開下一個步驟。

下一步叫做行為（Behavior），就是習慣本身。執行習慣之後，就進入三部曲的最後一步，這一步叫做獎賞（Reward），獎賞是執行習慣所得到的回報，只要是習慣，就會有回報，這是我們原始大腦由進化之初就設定好的，獎賞是讓大腦記住下一回還要執行相同行為的理由。

所以，複習一下，**習慣迴路的三部曲是：觸發——行為——獎賞**。

舉例來說，人類看到食物，觸發物競天擇的生存慾望，食物等於卡路里，而卡路里等於生存的公式立刻出現在大腦裡，這是觸發的步驟。於是大腦就不經思考，自動指揮我們去享用食物，這個步驟即是行為。行為發生之後，我們覺得好吃、滿足，這就是獎賞。

習慣迴路是全自動的，我們說過，它是由原始大腦掌管的，而原始大腦唯一的思考出發點就是生存，其他的事和它無關。就像醫生檢查我們的膝蓋，用小小的橡皮槌子往膝蓋一敲，你的腳就自動彈起來，這是完全不經大腦、直接反射的動作，這就是原始大腦處理事情的方式——自動的直接反射，不會和現代大腦或任何其他部位商量後再決定。

這就是「習慣」的整個過程，知道習慣迴路的三部曲原理之後，我們可以了解要改變一個不好，或者不要的習慣，是多麼的困難。原始大腦就像黑道大哥一樣，你要和他談條件，門都沒有。

這就是為什麼「減重」、「戒菸」、「戒賭」等等習慣的改變，那麼困難的原因。這也就是為什麼我們在緊張或沮喪的時候，就會想要吃巧克力或甜食，吃了之後，我們會感到情緒舒緩，然後我們會記住這種感覺，下一次同樣的情緒又來的時刻，我們會重複同樣的動作，因為那就是我們已經形成的習慣。

有許多商業公司知道這層道理，無所不用其極的利用人類原始大腦不經思索的原理，想盡辦法幫我們建立習慣。比如說香菸公司會精心設計一些廣告，裏面有很帥、很酷的模特兒，聚在一起聊天，一面抽著X牌的香菸，一面如神仙般的享受在一起的美好時光。

「太棒了，我也要來一根」，看到廣告的年輕人（或青少年）念頭閃過。香菸公司替他跨出了形成習慣的第一步——觸發：抽菸可以像他們一樣酷，一樣快樂。青少年得到這個暗示之後，就跑出去買菸（行為），抽了之後感覺和廣告裏的人一樣，真快樂（獎賞），習慣的迴路於焉成形，下一步就是重複，不斷重複的結果，就是習慣變得更頑強，更難以打破。

戒掉壞習慣

美國麻州大學醫學院心理學教授，也是醫學院的正念（Mindfulness）中心研究主任Judson Brewer認為，要和幾百萬年進化成形的原始大腦對抗是一場還沒開始就已經失敗的戰爭，因為你的對手太強大了。

我們想要打破的壞習慣非常多，隨手舉幾個例子：比如說抽菸，而且愈抽愈多；愛吃垃圾食物，吃個不停，吃到超重；坐在電視機前長時間看電視；忍不住不停想買東西，買到負債還在買；各種形式的賭博；喝酒超量或醉到不省人事；超量使用止痛藥或鎮靜劑，直到成癮；使用禁藥或吸食毒品。

對學生來講，可能的壞習慣有：沉溺於電玩或網咖；過度使用如臉書等社群網路或簡訊App；拖延功課，拖延準備考試，什麼事都拖到最後一刻，以致功課遲交或交不出來，考試準備不及；晚上不睡覺，早上不起床，上課不去，工作不做；這串壞習慣的名單還可以更長，重要的是，這裏面，或不在提到的壞習慣名單裏的，有哪些是你自己想要根除，或者是你希望自己小孩去除的壞習慣？你要怎麼做？

Brewer提出的根除壞習慣辦法是，不要和頑強的習慣面對面硬幹，他指出大部分選擇直接迎戰的人到最後都敗下陣來。你可以用意志力（這是你的現代大腦掌控的範圍）強迫自己不要再抽菸，你也可以強迫自己看到美食當前，不動如山，但是這樣的方法，結果你都輸了。

戒菸的人戒了一陣子，碰到幾件不如意的事，抽菸的欲望又來了，這時候因為心情不佳，意志力減弱，原始大腦主宰這個場面，結果是以抽菸收場，而且既然破戒，不如一不作，二不休，多抽幾根無妨，習慣又回來了。所以有人開玩笑說：「戒菸還不容易，我已經戒了很多次了。」

減肥的人也是如此，他們都知道，忍個幾天，甚至幾週、幾個月沒問題，體重降下來了，身材恢復苗條，感覺很棒。這個時候如果大號的衣服丟了，肯定要後悔。減重不到最後不能說是成功，復胖是最大的問題。依賴意志力，到最後都是一敗塗地。

Brewer說，這些都不是辦法。他提出的解法，是另闢一條蹊徑，他採取的辦法叫做「好奇心」（curiosity）。如何運用好奇心來革除壞習慣？這又要回到我們的現代大腦。我們說過現代大腦是訴諸理性的，它會堂堂正正（take the high road），它不會和原始大腦一般計較，更不會和它死纏蠻幹，它是講道理的，而且它隨時準備好，非常渴望而熱心的想幫忙解決問題。在這裏，它是我們唯一的朋友，也是我們面對原始大腦的最後希望，我們要根除惡習，只有靠它一途，而Brewer的方式就是用好奇心來啟動現代大腦（就是額葉層）的「認知控制」（Cognitive Control）機制。

舉戒菸為例來說，Brewer告訴他戒菸班的學生說，不要想戒不戒菸了，他甚至鼓勵學員抽菸，只是他要求他們一件事，那就是請他們發揮好奇心，以正念的方式去觀照抽菸這件事，以好奇心和覺知心（Awareness）去檢視抽菸到底是怎樣的一回事，它的味道怎樣，吸進鼻腔，進到肺部，口鼻充滿煙味，被煙籠罩的感覺是什麼，臉上，手上，身上的皮膚被煙熏的感覺又是什麼，仔細去觀察、體會，用心的去感受抽菸當下的感受。

學員這樣做了之後，有人這樣說：「用心抽菸的感覺：聞起來像是腐爛掉的起士味道，嘗起來像是吃化學物的感覺，噁心極了！」說這句話的女生，在這一次戒菸——這是她第六次嘗試戒菸——終於成功。

這套由好奇心開始，啟動正念的覺知觀照，借用大腦額葉層的認知控制能力，達到根除壞習慣的目的，是非常具有威力的，因為它由大腦的進化與結構下手，不用硬幹的死方法，它把壞習慣的真面目原原本本的暴露出來，造成我們對壞習慣的看法由根本改觀，認識到壞習慣不但不是我們的朋友，而且是一位很壞的壞朋友，它的魔咒就會被解除，這個過程叫覺醒（Disenchantment），我們對壞習慣的憧憬和依賴也不見了，在不知不覺中，年輕的現代大腦戰勝了威權統治的原始大腦。戒菸只是個明顯的例子，所有的壞習慣都可以用這一套方式根除。

PART III

如何使用電腦？

CHAPTER 6

每個孩子一部電腦（1：1）

科技在改變世界，我們這一代的責任就是把科技交到孩子的手中，讓他們擁抱科技，駕馭科技，有了科技的能力，他們才有辦法去解決科技世界的問題，以及抓住科技帶來的機會，讓他們延遲學習或隔離科技，只會讓他們成為未來世界的二等公民。

科技學習很重要

全世界目前百分之四十的人有網際網路的服務，這個數字包括許多開發中的國家。物聯網（Internet of things，簡稱IoT）的迅速發展帶動了各種網路系統的結合和自動通訊，不同行業和不同國家之間的數據交換（data exchange）愈來愈緊密的結合，這包括製造業、醫療系統、環境保護、智慧電網（Smart Grid）等。

要解決未來世界非常複雜的問題，人類亟需培養更多懂科技的人才，我們必須要全力鼓勵小孩子學習科技，認識科技，提供他們一切學習所需的支持。而不是讓他們洩氣（discourage），找一些似是而非的理由去阻止他們學習。

網路上有工程師以過來人的身分說電腦不必學，因為影響發育，傷害視力，而且學的東西馬上落伍、退流行，學電腦學不到什麼，是件沒有什麼意義的事，不如安靜坐在教室裡聽老師上課，快樂就好。

這種言論本來不值一看，但偏偏這類迷思在台灣這樣的社會裡傳佈得特別快，我們談到的家長不只少數人提到這樣的觀點，表達他們的疑惑。我的工作並不是去討好或安慰家長，或花時間去反駁有這種荒謬論點的人，而是把我所知、所學、所觀察、所研究的真貌呈現出來，家長必須慎重判斷，我說慎重，因為父母的責任實在極其重大，簡單的一兩個決定就可以改變小孩的一生。

事實上，我這樣說還不夠清楚，應該說父母的決定影響到的不只是他們的子女，也影響到子女對待他們自己子女的決定。所以，對父母來講，最重要的事，是不斷的學習，充分的閱讀，而且慎重挑選你所閱讀的東西，不要相信來路不明的材料，要去除自己的迷思，相信事實，相信科學，排斥集體盲思（Group Thinking，指的是團體思考方式及決定缺乏客觀和不同意見，以致傾向做出謬誤想法和決定。），拋掉無知，放棄自我設限，不要鄉愿，不要道聽塗說，養成自己思考和獨立判斷的能力。

給孩子機會

一位十五歲的加拿大女孩Ann Makosmski發明了熱電傳導手電筒，不需要電池或其他電力，而是以手上的熱讓手電筒發亮。

另外一位也是十五歲的美國男孩Jack Andraka發明了胰臟癌的簡易診斷法，他的方式比傳統的所有診斷方式敏感度超過百倍，速度快了二十八倍，花費卻只有原來的二十八分之一。

另外一位來自加拿大的十八歲男孩Austin Wang發明了微生物燃料電池（Microbial Fuel Cells，簡稱MFCs），可以更有效地將有機的廢棄物轉變成電力。

親愛的家長，你真的確定你的孩子沒有這樣的聰明度和潛力嗎？孩子需要我們相信他們能，鼓勵他們，給他們學習機會，如此而已。

我們來看看別人怎麼相信小孩，鼓勵小孩，給小孩機會。我舉例中的小孩是世界最貧窮的國家之一——非洲的衣索比亞——裏最貧困、最缺乏資源的兩個村落的小孩。其中一個村落叫Wonchi，是位在海拔一千一百呎的火山口邊的小鎮；另一個村落叫Wolonchete，是在一個山谷裏的小鎮。這兩個村落都沒有學校，沒有路標，甚至沒有任何印有文字的東西，小孩子連一個字都不認識。

美國麻省理工學院（MIT）的媒體實驗室（Media Lab）裏的兩位科學研究者Seymour Papert和Nicholas Negroponte創立了一個慈善計畫，叫做One Laptop Per Child（一個小孩，一台手提電腦），簡稱OLPC。他們最終的目標是提供給偏遠貧窮地區的每個小孩一部手提電腦，讓他們學習科技，用這個方式來改變這些低收入國家的教育。

Papert的教育理念是建造理論（Constructionism），他相信學習者會自己在腦中整理出其心智模式，以這個模式去建構出及了解周圍的世界。建造理論是一種以學生為中心的教育理念，相信學生以他的所知去理解未知的世界。

Papert和Negroponte認為給小孩一部電腦，連上網路，就等於給他們一個世界，他們能自己在這個世界裏探索和學習。

為了證明他們的理論，OLPC給了這兩個村落的二十個小孩每個人一部太陽能充電的平板電腦，沒有任何老師，也沒有任何學習指引，他們的目標是看看這些不識字的孩子有沒有辦法自己教自己認識字。

平板裏已經安裝好英文字母學習的遊戲、電子書、卡通、電影和繪圖軟體。每個星期他們會請專人去把平板內的記憶卡換新，舊的記憶卡有這週小孩在平板上的活動紀錄，供研究人員分析研究，看小孩到底做了什麼、學了什麼。

小孩子每天都興趣高昂地在平板上把玩，幾個月過去了，有小孩已經能唱「字母歌」，也能拼字，有一個男孩子在平板內繪圖軟體裏寫了「Lion」（獅子）這個字。

研究人員後來也發現，小孩子已經把平板上的桌面依每個人自己的喜好重新安裝了，因此每個人的平板桌面看起來都不一樣。研究人員很驚訝，因為他們原來已經安裝了控制軟體，讓小孩沒有辦法改變平板的設定。現在連桌面設定都改了，表示他們已經能侵入平板的作業系統。這表現出他們的創造力，以及發現新事物的能力，這正是學習最重要的元素。

創辦人之一Negroponte說了一句發人深省的話：「如果他們可以學習閱讀，他們就可以經由閱讀來學習（更多的）事物。」（If kids can learn to read, then they can read to learn.）

如果這些生活條件不利學習，活在世界最窮困地方的小孩可以這樣的自己去探索、快樂的學習，為什麼在物質條件優渥，活在衣食不缺文明世界台灣的小孩，學習卻充滿著被動、無效、無聊，甚至是痛苦？

答案是大人們扭曲了他們快樂學習的動機，在他們學習的路上架設了許多路障，孩子被不正確的教育方式折騰到已經失去了學習的興趣。我在說的問題，包括整個教育制度和考試、升學的方式。但這一切，都可以看作是一個對學習的錯誤心態創造出來的產物，也就是說，所有問題的根源在於觀念上的守舊和錯誤。對小孩學習科技的排斥或者鴕鳥心態，就是一個例子。

工欲善其事，必先利其器

看看這個我偶爾在網上看到的一個小影片，任何人都可看到自然的學習是怎麼一回事，小孩子到底要不要接觸科技，學習科技，這實在沒有什麼好辯論的。我們大人要做的，就是提供支持，就這麼簡單。有家長來找我們，發現我們要求BYOL（Bring Your Own Laptop），也就是帶自己的電腦來上課，覺得不能苟同。

但這就是我們的理念，因為唯有擁有自己的電腦，小孩才能夠自己在一個新世界裏去優遊探索，自己去發現，去學習，這是學習最自然的方式，最重要的道理，在這個地方去阻撓他，就是為什麼我們的教育永遠進步不了的原因之一。

家長讓小孩子學音樂，總會希望小孩有自己的小提琴或鋼琴，為什麼電腦獨獨不同？希望能不買最好，否則就是拿一台爸爸不用、準備淘汰的電腦給孩子用。

當然，我指的是有能力為小孩買電腦的家長們，而不是經濟能力無法負擔買電腦給小孩的家庭。

我小時候打棒球，白天練完球總是把自己的手套和球帶回家，晚上在家事實上不可能有練習的空間，但是我把手套和球放在書桌上，想到就拿起來把玩一下，這是學習最自然而且最有效的狀態。

Negroponte說：「共用一部電腦就像共用一枝鉛筆一樣」，說得真好。美國學校教育的目標之一叫做1：1，這意思不是老師和學生比率一比一，而是說目標是希望學校能提供給每一個學生一部電子裝置（electronic device），這可以是一台智慧平板或一部手提電腦。

當然一比一需要國家有豐厚的資源和預算，暫時還不一定做得到。所以許多學校在談的是BYOD（Bring your own device），意思是學校還做不到，請學生就自己帶自己的平板或電腦來上課。所以，世界的趨勢是一比一，是BYOL、BYOD，連最窮困的角落都在One Laptop Per Child，我們教育當局沒提過或想過一比一，也不要BYOL，家長也是如此。

我們到底在抗拒什麼？

這好比全世界已經朝前飛奔過去，我們不要說尚未加入競賽，連要不要買雙球鞋都還在爭論，我還要說什麼呢？

學習程式設計不等於學習科技

這裏談到每個小孩都應該有自己的電腦，並不是希望父母給小孩一部電腦就算了。我想說的，是整個對待科技的心態以及對小孩未來的視野和想像。學習科技不只是學電腦程式設計，而是換腦袋、換心態。

程式設計只是科技的一小部分，科技是程式設計的應用，沒有它當成程式設計的練兵場，學習者不知道學程式做什麼，也無法真正體會程式設計的威力。當程式設計可以用來解決問題、製作產品或提供服務（如餐廳以平板點菜的自動化系統）時，程式設計就推動了科技。

應該要學的是對科技的觀察和研究，去了解科技是如何在改變世界，然後把世界和自己的關係連結起來，也就是說去思考在未來的世界中，自己（或小孩）想要扮演什麼角色，要怎麼做，才能實現我們生命的價值。

許多家長把學程式設計當成學習科技，這是完全不對的。還有許多人把學程式設計當成是上才藝班。我不是反對「才藝」這兩個字，但是如果才藝指的是像學音樂、學畫畫、下棋、書法、跳舞等，學生碰到學校考試，這些「才藝課」都得暫停的情形，那是錯看了科技和程式設計的重要性，從這個角度看，說程式設計是才藝課程恐怕會讓小孩產生錯誤的心態。

程式設計和科技該應該是學校一門正式且重要的課程，和數學、物理、化學、語言等課程，應該相提並論，具有同樣或更多的小時數和地位才對。你可以不用相信我的話，但美國許多科技界的領袖都持相同的看法。

跳出舒適圈

有位媽媽來談她的女兒很喜歡創作，不停要媽媽買紙板給她，然後她會摺疊製作出各種有意思的作品。這是很好的，但是我們希望家長和學生能更上一層樓，把科技帶入傳統的手工藝裏，EDUx在推動的創客運動（Maker Movement）是有科技在內的創客運動。現在台灣鼓勵文創，到處是文創園區，裏面的作品多數是小巧美麗的小型手工藝品，我完全沒有批評文創的意思，但那美則美矣，不是未來。

我們的未來在科創，環顧周圍，你可以看到你被科技包圍著，科技讓你的生活更便利，工作更有效率，人生更快樂。**我們在提倡的，也不過是希望你睜開雙眼，從一個科技消費者，經過學習，變成參與創造科技的人，成為騎在這個巨大海嘯浪頭上的一份子，而不只是站在玻璃窗外往內看的局外人。**

比如說才方提到的這位媽媽，可以試著提供littleBits，或Arduino，或Raspberry PI或3D列印等硬體元件，讓女兒試試這些新元素可以怎樣和紙板結合，創造出新奇的作品。

EDUx在幾年前就引進Orbotix公司的Sphero，那時候沒有人要來學這樣的東西，二〇一五年的星際大戰電影《星際大戰：原力覺醒》（Star Wars: The Force Awakens），Orbotix的BB-8就在電影裏出現，還現身奧斯卡頒獎典禮裏，這就是浪頭上的新產品。小朋友如果能有機會多接觸這些東西，體會軟體（程式設計）怎麼控制硬體，你可以想像，這樣的小孩將來是不是比別人有更大的可能創造出許多人會喜愛的產品？

反之，如果你使用的一直是傳統材料，加上傳統思維，如何能有創新的作品出來？我知道這樣說會給父母壓力，或許你會覺得這是在你能力之外的事。我想引用《一分鐘億萬富翁》（*The One Minute Millionaire*）的暢銷書作者Robert Allen的話：「你所欲求的東西，全部都恰在你的舒適圈外。」（Everything you want is just outside your comfort zone.），「舒適圈」指的是我們習以為常、覺得舒服的生活方式，這包括你所走的路、去的地方、吃的食物、看的書、所做的事、學的東西、想的事情、你的能力、思考方式，和小孩、親友及與朋友的關係等，簡單的說，就是我們生活的整個空間，包括心理上的空間。

Allen的意思就是，我們想要的事情——比如說你希望找到一個夢想中的工作，有一個理想的體重，小孩子能上哪一所大學，你想要有的收入等等——全部都要突破我們習慣的實體與心理的限制，跳到我們的舒適圈外，才有辦法獲得。

舒適圈外，顧名思義，就是讓我們不舒服、不安，甚至焦慮的事。舉例來說，我的二兒子安祺是位科學家，他在哈佛大學念完博士後，現在主持自己的實驗室。不管在求學階段或是現在，他都處在極大的工作壓力之下，如果別人搶先發布同樣的研究結果，一個做了一年半載的研究，可能就付之東流。

他的壓力是可以理解的，所以當他告訴我，他要背起行囊，到印度鄉下去當背包客旅行的時候，雖然閃過我腦袋的是《貧民百萬富翁》（Slumdog Millionaire）電影裏的垃圾、貧窮、髒亂，動不動就攝氏五十度的天氣，以及傳染病和登革熱，我嘴巴吐出來的是：「噢，嗯，……上次不是才去緬甸和越南了嗎？度假放鬆一定要去那裏嗎？」印度鄉下絕對在我的舒適圈外，但是我選擇不再多說。

父母也要持續學習

再看看另一位媽媽。她看了課程內容之後，可能覺得什麼Raspberry PI，這些東西，她根本不懂，要怎麼幫助小孩？顯然，這在她的舒適圈外，這是好的，她可以去學習，去問人，最重要的，去思考，怎麼創新，怎麼發揮創意，怎麼找資源。

跳出舒適圈後，她會看到一個新的世界，她會擴大自己生存的空間，尤其是心理上的空間。她也就能更上一層樓，除了自我成長外，也能有更大的能量和知識來培養小孩。這就是為什麼我們要開辦科技媽媽俱樂部（TechMom Club），我們要帶媽媽認識科技，帶動她們自我成長，也帶動她們幫助小孩學習的能力與能量。坐飛機發生緊急狀況時，氧氣罩會掉下來，空服人員在示範時告訴我們，如果你帶著小孩旅行，你應該要自己先戴上氧氣罩，然後再幫小孩戴上。

理由很簡單，做父母的人，必須要照顧自己，才有能力照顧孩子，在美國有個名詞叫Soccer Mom（足球媽媽），意思是開車載小孩去上足球課的媽媽。

足球媽媽的刻板印象是這些媽媽有好幾個小孩要送，一個送這裏，另一個可能在好幾哩外，因此常要趕時間，在馬路上橫衝直撞。路上開車的人，看到車上Soccer Mom的貼紙，一手握方向盤，一手講電話，頭還往後看小孩的足球媽媽駕駛，都紛紛自動走避，自求多福。在台灣，也會看到神色倉皇的媽媽開著車或者騎著摩托車接小孩的景象。

我們有次走路過小巷，路已不大，一邊停一串汽車，另一邊停摩托車，突然之間，喇叭大響，轉身一看，一輛SUV（休旅車）停在三十公分外，我們驚嚇得趕快閃到已經沒路可去的路邊，SUV駛過時駕駛搖下車窗大叫「不要走在馬路中間」，我們轉頭一看，是位四十歲左右的女士，驚鴻一瞥之後，SUV搖上車窗，絕塵而去，我們兩個對看一眼，不約而同的說：Soccer Mom！

說這個小故事，我無非想說明，父母——特別是主要負責照顧小孩的媽媽——應該轉變大腦，改變想法，不要只是沉浸在工作或柴米油鹽的生活中，要不停進修，才能有更好的能力和能量照顧到小孩的未來。

媽媽如果不學習，其實會限制小孩的未來；改變固定的思維，跳出舒適圈外，才能培養出不一樣的小孩。有位家長談到，他有兩個小孩，一個十二歲，一個十歲，想要讓他們學程式設計，但是爸爸自己是在這一行的，他不要小孩由最基本的視覺程式設計（像MIT的Scratch）學起，他要求小孩由Python學起，因為「堆積木覺得沒什麼意思」。

但是他錯了。我舉個例子來說明，在美國，成千上萬的小孩，夢想著長大之後能打到NBA去。但是你知道多少人能真正如願嗎？不是一千，而是少於五百，目前NBA的三十個球隊，只有四百四十六位登錄的球員。即使在NBA球隊裏坐冷板凳，也是千萬中選一，難如登天。

就在這些個個身懷絕技的球員之中，只有更少數的人能當上明星球員，你知道NBA裏明星球員和普通球員之間的差別嗎？基本動作。

對，在頂尖球員中，每個人如投籃、運球、過人等基本動作的純熟度還是大有差別。而基本動作就是這些球員從小打下的基礎，有人在小時候下的功夫深，有人跳過去，雖然長大之後，大家都進入NBA，看不出來有差別，但是骨子裏就是不一樣。這一點一點的不同，差一點就有霄壤之別。

我希望所有的父母都能了解這一點，讓小孩花時間把基礎打好，不要躁進。如果你是焦急著小孩為什麼不趕快進階的父母，我建議你跳出你的舒適圈之外，讓小孩依他的能力慢慢扎實的長久累積實力，這才是正確的方法。

CHAPTER 7 視力與電腦

使用電腦會影響小孩的視力嗎？關於這個問題，令人驚訝的是，我們在美國和許許多多的老師和家長互動的時候，幾乎沒有人問起這個問題。但是在台灣，有關電腦影響小孩視力的問題，經常有家長提起。我們碰過有不少的家長甚至因此不讓小孩接觸電腦或平板、手機等，這是令人匪夷所思的事情。

使用電腦不會傷害視力，錯誤使用才會

首先，一個簡單的回答是，根據美國眼科學會（American Academy of Ophthalmology）的說明，電腦螢幕不會傷害視力。但是和看書、看電視一樣，如果長時間盯著電腦螢幕看，眼睛專注在所看的物體上，眨眼的次數減少，淚腺分泌的淚液也跟著減少，眼睛會變乾，也會產生疲勞。

這時候，小孩會去揉眼睛，因此帶入細菌到眼睛裏，眼睛很有可能會充血，甚至腫脹，這個景象看起來像是使用電腦造成的。或許因為如此，父母會以為電腦是傷害小孩眼睛的元兇，這是錯誤的。小孩完全有可能因為看書、看電視，或看其他的東西造成同樣的現象，難道家長也要禁止小孩看書嗎？

正確的治本方法應該是眼科醫生都知道的20/20/20規則，就是使用二十分鐘的電腦（看書或其他用眼睛的工作也是一樣），休息二十秒，看看至少二十呎（大約六公尺）以外的景色。基本上，讓眼睛經常有機會休息，就不會有什麼問題。

當然，家長如果能稍微了解一下眼睛的生理結構，就可以知道，類似乾眼、流眼淚，眼睛有灼熱感，或許甚至紅腫，都是暫時性的，不會對眼睛造成永久性傷害，也不會因此造成眼睛病變。

我們的眼睛就像是照相機的變焦鏡頭，可以根據我們想要看的物體之遠近，聚焦在不同的距離。這個動作是靠兩眼周圍的小肌肉來完成，這些小肌肉可以縮緊或放鬆，調整眼球晶狀體的形狀，達到聚焦的目的，清楚的看到我們想看的物體。平常在使用眼睛時，眼睛肌肉常常改變鬆緊，以看到不同遠近的景物。

比如我們在家裏活動，一下在廚房找東西吃，一下在書房工作等等，眼睛焦距不停在轉換，眨眼的頻率高，眼睛也不會覺得累。但是當這些小肌肉長時間（比如說數小時）固定在一個不變的緊度中，肌肉本身產生疲勞（試著張開雙手舉著啞鈴數十分鐘不動，看看肌肉會不會疲勞），這個時候連對焦都有困難。所以看一樣東西看久了，有時眼睛會花掉，看不清楚，就是這種現象。這是暫時的，不必緊張，放下在看的東西，休息一下，眼睛很快就會恢復原來的功能。

定期眼科檢查很重要

小孩子視力的好壞，受電腦螢幕的影響不大，和父母的遺傳卻大有關係。另外，視力和工作或使用電腦時，周遭環境的亮度、坐姿、螢幕的距離和高低，特別是戶外活動時間的多寡，都有關係，不是單一的因素。錯誤的把小孩視力不佳歸咎給無辜的電腦是非常不智的，如果因此而取消了小孩使用電腦的機會，將會直接影響他在群體間的競爭力。如果是這樣，說是剝奪了他的未來，一點也不為過。

我們的經驗是在一個大約十來人的班級裏，總有一到兩位學生視力非常不佳，簡單的說，就是看不見。這有兩種可能，一是有眼睛疾病，二是近視或遠視眼鏡的度數不合。不管是哪一種，父母都很容易看出來，應該要馬上帶去看眼科醫師。

我們有一個印象，有些父母之所以長期讓小孩戴著不合適的眼鏡，原因是他們怕小孩度數繼續加深。這是很奇怪的邏輯，因為讓孩子戴不適合的眼鏡就是快速增加他度數最好的辦法。剛才提到的眼睛附近的小肌肉，因為眼鏡不對，眼睛看不清楚，就得更努力的拉緊，造成肌肉疲勞、無法聚焦，到最後，還是得換眼鏡。

總之，這是我們看到且確實存在的怪現象，特別提出來，希望家長隨時注意小孩的視力。一發覺不對，一天都不要拖，趕快去找眼科醫師。

說到這裏，還有一件事不得不提。台灣是個非常講究便利的地方，方便是一件好事，但是關於眼睛和視力的問題，是健康的問題，我們認為一定要由醫師來處理，而不是貪圖方便去到處林立的眼鏡行檢查視力。

當然我知道眼鏡行的工作人員應該也都有執照，但是眼科醫師有醫學院的訓練，在檢查或測量小孩視力的時候，也會檢查孩子眼睛的健康與否。這個小小的動作好像沒什麼，卻非常重要。我們看過不少家長完全不知道小孩有某種特殊的眼疾，直到「偶然」在眼科醫師那裏才被發現。

問題是，被發現的只是少數，有許多小孩的眼疾是大人沒有察覺而延誤的結果，有時會造成永久傷害。所以保護小孩的眼睛，第一要事就是定期去眼科檢查，這對成長中的小孩是很重要的。

電腦是現在與未來大多數人重要的工作或求學的工具，我們巴不得小孩有更多駕馭電腦的能力，限制他們使用電腦只會大大的削弱他們的競爭力，完全是一個開倒車的作法。

減少電腦造成不適的作法

既然電腦不會被淘汰，會被淘汰的是不熟悉電腦的人，與其去對抗這個不可逆的潮流，不如調整自己使用電腦的方式，才是上策。我在這裡提出十點具體的作法，希望能減少使用電腦造成眼睛的不適，更希望能降低家長對小孩接觸電腦所造成的焦慮。

第一，每年至少一次做整體的眼睛檢查

如果可以的話，把小孩常使用的電腦帶去。如果不方便，請丈量小孩眼睛到電腦螢幕之間的距離，去和醫師討論，是不是需要為小孩另外配戴看電腦時使用的眼鏡。此外，請

家長在選擇醫師時注意找尋有耐心、願意和家長溝通，並且接受過新型訓練的醫師。我在台灣碰到過不少連說話都懶得和病人說，完全沒有專業訓練與道德的醫生，不過這是另外一個大題目，在這裏暫且不表。

第二，慎選給小孩用的電腦

我們發現，有不少小孩使用的電腦是家長不要用的舊型機種，再轉給小孩用。其實應該把思維倒轉過來，小孩因為還在成長中，使用經驗較不夠，其實應該用比較好的電腦。螢幕小，解析度低，畫面更新率（Refresh rate）低的電腦螢幕，都更會造成小孩眼睛的緊張與疲勞。電腦的中央處理器（CPU）、記憶體，或影像處理器不好的電腦，讓小孩在使用時發生許多問題，延長他們盯著電腦等待的時間，除了造成挫折感、讓他們失去興趣之外，也造成眼睛額外的壓力。

第三，注意小孩使用電腦時周邊的光線

電腦螢幕不適合在黑暗中使用（和看電影或投影機不同），它需要周圍有充足的亮度，但是也不能太亮。室外日光直接照進來，或者是室內的光線太強，都是不好的，最好拉上窗簾，調整室內的光線到眼睛舒服的程度，就是使用電腦時正確的照明度。通常我們在外面看到的辦公室的照明亮度，對小孩子使用電腦都嫌太亮，太刺眼，會造成小孩眼睛的不適。

另外，光源的色溫是最好選擇和太陽光一樣的5000-5600K，而且不要用一般的日光燈，最好的選擇是全光譜（Full Spectrum）的自然光燈管，這是最適合眼睛的光線。

第四，注意牆壁的顏色

發亮、光面的油漆會造成電腦螢幕的反光，射到眼睛內造成不適。如果可能的話，使用霧面稍微偏暗的牆壁顏色，或用書架擋住會反光的牆壁，家長可以坐在電腦前面檢視電腦螢幕是否有反光的現象。

第五，調整電腦螢幕的設定

電腦螢幕可調整的有亮度、色溫、反差，以及字體的大小等。螢幕亮度以和周圍的亮度大約相同為準，不要太亮或太暗，只要眼睛覺得舒適就可以。

反差調整也很簡單，只要目視之下，黑色是黑的，白色是白的就可以。許多製作網頁的人喜歡用黑底白字，碰到這種情形，能跳過就跳過，長時間的閱讀黑底白字的頁面會讓眼睛很不舒適。

至於色溫的調整，因為電腦射出的藍光是短波的，比較傷眼，把色溫調到波長較長的橘色或偏紅，對眼睛會比較不具刺激性。

我習慣在電腦上安裝一種簡易的小軟體，它可以讓螢幕的色溫自動隨著白天、黑夜的移動而改變，我把它設定成白天螢幕偏日光色，太陽下山後，就轉變成偏橘色。這是因為入夜之後，周圍的光線也改變了，不再像白天那麼耀眼，螢幕的亮度和顏色隨著時間遷移而調整，是比較理想的。我用的軟體是一個叫f.lux的免費軟體，它方便又好用，對我來說不可或缺。

電玩遊戲還可以增進視力

事實上，使用電腦不但不會傷害眼睛，有些電腦上的電玩遊戲還可以增進視力。這個說法聽起來匪夷所思，但卻是個不折不扣的事實。

美國羅徹斯特（University of Rochester）大學的一組研究人員發表了一篇刊在《自然：

腦神經科學》（Nature Neuroscience）期刊上的論文指出，玩某些電玩遊戲可以增加一種叫做「反差敏感度」（Contrast Sensitivity）的視覺辨別力。

眼睛的反差敏感度決定我們是否能在一片同色系的背景裏觀察到一點小小的變動，通常上了年紀的人視力的反差敏感度就會大幅降低。

如果你爬過高山，在爬到山頂的時候，視野會變得很遠。遠處的山巒層層相疊，一山一山的交疊，最後和天際線合在一起，難以分辨究竟是山或非山，有些人可以數出十八座山，有些人看到的是十四座山，這就是測驗每個人視覺反差敏感度不同的地方。對反差敏感的人能分辨得更細，看到更多重疊的山頭；對反差不太敏感的人，看到的山景可能就少了幾個山頭。

我自己就有這種經驗，我發現我的小孩在和我一起觀看電腦螢幕的時候，常常會指出一些我沒有注意到，或者是完全看不到的東西。當然不是只有年紀會影響到視力對反差的敏感度，即使是同年齡層的兒童或青少年，每個人的反差敏感度也不一樣。

眼睛的反差敏感度重要嗎？反差敏感度差的人夜視的能力弱，如果開車經過照明不佳的街道，有可能看不到走路的行人或附近的來車，這是非常危險的。

反差敏感度可以經由訓練增強。很清楚的，由這個角度來看，電腦反而是增強視力的一項訓練工具。不只如此，科學家已經開始嘗試用電玩遊戲來治療某些小孩的眼疾。例如因為兩眼不協調，以致視力缺乏立體感的弱視症，就可以經由電玩遊戲治療，訓練眼睛與大腦的連結來獲得改善。

第六，調整螢幕字體的大小和顏色

電腦上的字體應該要多大比較剛好？專家的答案是，電腦螢幕上的字體大小應該是能清楚閱讀的最小字體的三倍大。

那麼，如何調整螢幕上字體的大小呢？

在Windows的系統，到Control Panel，選擇Display，就可以看到調整顯示字體大小的視窗。在Mac要調整螢幕字體大小，先到Finder，選View，然後選Show View Options，就可以看到選擇字體大小的選項。

Windows或iOS的系統，都可以在瀏覽器裏調整字體大小。同時按鍵盤上Ctrl鍵和＋（加）號鍵可以放大字體，每按一次就繼續放大；按Ctrl鍵加上－（減）號鍵可以縮小字體，每按一次就縮小一次；最後，可以按Ctrl鍵加上數字0鍵，讓字體回歸未放大或縮小的狀態。

另外，常使用手機的人，在iPhone上進入Settings，點Display & Brightness，再點Text Size，然後在Slider上面來回拉，可以放大或縮小顯示字體的大小。iPhone另一個調整字體大小的路徑是Settings，進入General，再進Accessibility，然後點入Larger Text裏調整。

在Android系統的各種手機作法不盡相同，但以三星手機為例，先到Settings，點入Accessibility，再進入Vision，然後Font Size。其他Android手機調整字體大小的設定，應該都在Accessibility底下。

第七，調整坐姿及眼睛與螢幕的距離

看電腦會發生眼睛不適的狀況，經常和坐姿有關。姿勢不正確，除了造成頭頸部、背部酸痛外，眼睛和電腦螢幕失去應有的平行位置，當然會造成眼睛的疲勞。

首先，如果是成長中的小孩，他所使用的桌椅必須隨著成長而調整高低。電腦螢幕和眼睛正確高度的測量方式是，坐定之後，眼睛的水平高度應比螢幕的中心點高十至十五度，也就是說眼睛的高度應該和螢幕的上半端同高。另外，頸部、頭部和背部在工作中保持垂直狀態，頭部不要上仰或下垂。

如果頭部無法垂直，表示螢幕太高或太低，應調整桌椅高度，必要時可用螢幕架調高螢幕的位置。眼睛距電腦螢幕大約二十到二十四吋（約五十到六十公分）。保持這樣的坐姿和距離，可以降低工作的不適。這不是一件困難的事，卻少有人在做。

第八，使用電腦時多休息

我們提到20/20/20（工作二十分鐘，休息二十秒，看看二十呎外的景物），這只是個原則。事實上，我們在工作時，常常會一坐數小時，根本忘了休息，一直到發現脖子很酸，或眼睛不舒適才想到要休息，這樣基本上傷害已經造成，需要更多的時間休息和恢復。

另外有些吊詭的一點是，休息的意思是由椅子上站起來，伸伸懶腰，走動一下，看看窗外綠色的草坪或植物。而不是還坐在椅子上，還在電腦前面。

不知道為什麼，有些人——大人小孩都一樣——以為由原來在電腦上做的事換成另一件事（還在電腦上）就是休息。這個說法有點可笑，但我們有時會強辯說自己正在電腦前休息。

話又說回來，這也不奇怪，吸菸的人很多認為抽菸有害健康的言論只是一種宣傳，酒駕的人多半認為他喝一點而已，還未到法定不能開車的酒駕值。這些都不是我瞎編的，而是有研究證實的。

或許用電腦的人，不管是工作還是遊戲，還是需要旁人的催促和幫忙，才能真正離開電腦，走開來休息一下。

第九，做眼球運動

我們說的20/20/20就是一種眼球運動。眼睛盯著電腦螢幕久了，肌肉會疲勞，看看遠處，讓肌肉放鬆一下，免得眼睛四周的肌肉產生一種「鎖住」的現象，這種情形在醫學上的名詞叫做適應性痙攣（Accommodative Spasm）。說清楚一點，簡單的眼球運動是這樣的：眼睛先看近處的一個物體，盯住十秒，然後看遠處（幾公尺外或更遠）的一個物體十秒，來回交互做十次。

說到這裏，市面上有些書籍，或者有些廠商廣告宣稱他們的視力治療法或眼球運動法可以治療近視、遠視或散光等問題，讓你可以「拿掉眼鏡」，恢復正常的視力。如果你了解眼球的構造，會知道近視、遠視這些視力問題，都是因為眼球的形狀造成聚焦的問題，以至於看不清楚物體。

而眼球和眼角膜的形狀，或眼球表面的不規則形狀（散光）是生理結構問題，是沒有辦法以眼球運動來改善的。這就是為什麼層狀角膜內層重塑術（LASIK）之類的眼球手術存在的原因，因為這一類叫做折光手術（Refractive Surgery）的手術就是在改變你眼球的形狀，以達到修正聚焦，矯正視力的目的。

第十，做眨眼運動

眨眼也是一種眼球運動，我把眨眼分開說明的原因是基於一般人容易望文生義，忘掉在做眼球運動時也要做眨眼運動，所以索性分開來說明。我們知道，看電腦、看書、看電影時，我們注意力集中，經常「目不轉睛」，眨眼的次數突然變得很少，靠眨眼分泌的淚腺自然減低很多。

事實上，專注時不只眨眼次數減少，而且經常是「部分眨眼」。也就是說，我們在看電腦時，不只眨眼次數降低很多，縱使眨眼也是不完全眨眼，好像捨不得放過電腦上的東西，我們強迫自己不眨眼，真的非眨眼不可時，也要來個半眨眼。

這樣問題就來了，保持眼睛滋潤的淚液在不眨眼時容易揮發掉，再加上家裏或辨公室吹著冷氣或除溼機，乾燥的空氣讓眼球更容易缺乏水份，這些因素加起來，很容易造成乾眼症（Dry Eye）。

如果到這個程度，就務必要看眼科醫師。或許醫生會開人工淚液的處方，這還是請與醫生討論後決定。說到這裡，國人有一種「久病成良醫」的傳統，喜歡自己當醫生，甚至會指揮醫生開什麼藥方。有醫藥知識當然是好的，但是越俎代庖的結果，常是業餘凌駕專業，我看到有些醫師也變得懶得和病人爭，你要什麼，我就開給你。這樣，到後來損失的恐怕還是自己。

說到人工淚液，不得不提一下，人工淚液和市面上某些潤滑眼藥水是不同的，有些宣稱可以滋潤眼睛的眼藥水，能在短時間內讓你充血的眼球變白，它的作用方式是用藥液縮小眼球表面的血管，結果是紅眼睛看不見了，症狀卻完全沒有舒緩。這是標準的治標方式，單純的表面功夫，並沒有解決任何眼睛真正的問題。可以的話，要盡量避免使用這種產品。

再回到眨眼運動。前面提及，每工作二十分鐘，休息一下，做做眼球運動，接著做眨眼運動：模擬睡覺的方式，慢慢閉上眼睛，再慢慢張開，做十次。請注意，慢慢的，完全的張闔眼睛才會達到最大滋潤眼球的效果。

我花了這麼多時間，舉出各種科學證據，說明使用電腦真的不會傷害眼睛，對大人如此，對小孩也一樣。但是我也說明，和從事其他使用眼睛的工作一樣，在電腦上用眼過多也會造成眼睛的疲勞和不適。

我特別舉出十種方式，告訴你如何在使用電腦的同時，也保護你的眼睛。這裏面的每一個方法，都是有根有據的，保證可以讓你的眼睛保持健康的狀態。希望這些資訊可以排除家長的疑慮，不要再擔心用電腦會影響孩子的視力或眼睛的健康，讓孩子健健康康，快快樂樂從電腦裏發現和學習更多的知識和養分。

電腦是孩子們準備應付未來嚴峻挑戰的利器，禁止或限制他們使用電腦，就有如對未來世界自廢武功，相信我，你不會想要斷送孩子的前程，讓他們在未來社會裏當一個食古不化的今之古人。

CHAPTER 8

如何防止沉溺電腦

在和家長交談的過程裏，我們常聽到的話之一是：「我不讓他玩手機耶」，「我不准他碰電腦咧」。說這些話的人通常是媽媽，但是我們了解後知道，通常爸爸的態度更強硬而堅決，至少在這一點上，大部分父母是聯合陣線的。

如果詳細去了解父母禁止小孩觸碰手機，電腦這些現代科技產品，大部分的父母會告訴你，「怕傷眼睛」、「沉溺電玩、電腦」、「時間都花在臉書上」、「大半時間都在傳簡訊」、「影響功課」、「浪費時間」等。

關於電腦或手機的使用會傷害視力或眼睛健康的問題，請仔細閱讀本書第七章〈視力與電腦〉，這裡就不再重覆。本章的主題主要在探討父母反對或禁止小孩使用手機或電腦的理由，並且由檢視這些理由，和父母分享可行而且有效的處理方式。

第一，以身作則，給小孩正確示範

首先，讓我分享我們在台北實際教學實驗所看到的一些現象。我們教學實驗學生的背景相當多元，所讀的學校有本地學校、美國學校及歐洲學校；本地學校雖以台北市、新北市為主，但也有來自於北及基隆，東至宜蘭、花蓮，南至桃園、新竹、台中、台南、高雄、屏東各地的學生。寒暑假時，也有由中國大陸、香港、新加坡、歐洲、美國回來度假的孩子。

在我們的公益教學裏，我們強烈感受到城鄉在資源、知識、想法、觀念各方面的差距都非常大，但是唯有在對待小孩子使用新科技產品上的態度基本上是全體一致的——那就是擔憂小孩沉溺在電腦及電玩裏，因此禁止或強烈限制他們使用電腦。

唯一的例外是美國學校。在我們教學經驗裏，最大的差別出現在美國學校的學生和本地學生在使用電腦的駕馭能力上。美國學校的學生不論在打字上、對作業系統的熟悉度、對新工具的上手速度，以及學程式設計的進度和態度，和我們接觸過的美國本土學生大致相似；但和國內的孩子比起來，就顯得超前非常多。

究其原因，和台灣家庭、學校對電腦及其他新工具的態度完全有關。說得明白一些，就是家長、學校及教育當局的態度，造成我們學生程度上的大幅落後，根據我們的經驗和研究，這種落後的程度是長久難以追平的。很顯然的，本地生在智力上絕不落後。但是對電腦的使用、程式設計的學習，以及新科技的掌握，程度差別卻相當大，這對本地學生相當不公平。

美國學校學生的電腦由家長出錢，學校統一採購，然後灌入他們所需使用的軟體之後，再發給學生使用，所以他們每個人使用的電腦都一樣。這樣做有他的方便之處，老師不用在課堂上去處理各別學生電腦發生的問題，否則有些人用爸爸用過不用的舊電腦，有些人安裝的是Windows XP之類已經早就沒人用的作業系統，一堂課只要三、五個學生電腦出問題，課就上不下去了。

尤其是他們幾乎每一門課都要全程使用電腦，教學內容不是在雲端，就是在學校的系統內，沒有電腦，課就很難上得下去。因此，小孩會得到一個比較正確的觀念，認為電腦是處理功課和相關事物的工具。光這一點，就和本地學生有很大的不同。而這一點不同，造成學生錯誤看待電腦的角色。

台灣的中小學生認為電腦是遊戲的工具，原因當然是因為他被灌輸這樣的觀念。所以只要一有機會接觸電腦，他就拚命的想玩。理由很簡單，碰到玩具不玩，那要玩具做什麼？

當他對電腦有這樣既定的概念，要扭轉就比較難。父母如果在小孩還小的時候就懂得這一點，不要把電腦、手機等當成洪水猛獸，把電腦當成做事的工具，就像家裏的吸塵器或廚房裏的攪拌機或果汁機，要解決某些問題時就拿出來使用，不用就收起來。小孩子看到父母是這種態度，他們當然會有樣學樣，這要由小養成，父母必須要以身作則。

如果父母天天自己沉溺在手機或電腦上，不是玩遊戲，就是花許多時間在臉書或社交媒體上，再不然就是看韓劇、日劇或連續劇，小孩子不會有樣學樣嗎？

我們曾在餐廳吃飯時，看到一位媽媽聚精會神的看著她手機上的韓劇，兩個女兒在旁邊共享一台平板，也在看肥皂連續劇。這是個什麼樣的景象？我們也常在捷運上看到媽媽型的人在手機上玩電玩遊戲，或看戲劇電影，再不然就是看臉書、傳簡訊，就是鮮少看到有人在閱讀或工作。整個社會風氣如此，難怪小孩子看到電腦，就拚命找遊戲玩，怎麼樣也不肯停。這些全是看大人榜樣學來的。

我知道有些父母一面自己盯著電視猛看，一面催小孩回房念書做功課。父母的想法是自己在當學生時代已經苦過了，現在不是自己在念書考試，角色換成是催促孩子，只要有在盯小孩，就盡到了自己的責任。話雖沒錯，問題是小孩子不那麼想，孩子正在模倣的成長期，他看你做什麼就跟著學。當父母的角色沒有在這裏放鬆的自由。

做父母的遊戲規則的第一條是這樣寫的：**你想要他做什麼，你做給他看，讓他跟著學**。所以小孩會沉溺，究其根源，問題還是出在大人身上，這個問題不是一個家庭的問題，這是整個社會的問題。根本的解決辦法應該是整個社會思想的改造，但是如果大家不知道問題是哪裏來的，或者是鐵齒不相信自己是問題的部分（Part of the Problem），那麼問題就不會有解決的一天。

作家及政治活躍者Eldridge Cleaver說，「**如果你不是解決問題的一部分，那你就是問題的一部分。**」（If you are not a part of the solution, you are a part of the problem.）這話說得真好，也說得讓聽的人覺得肩頭壓力很大。

真的，我們每個成人都應該以身作則，示範我們如何善用電腦和手機的超能力，經由使用這些工具，讓我們完成更多的事，變得更有秩序，學得更多的知識，也讓我們生活更有趣、更滿足。

讓小孩看到我們大人是怎麼負責任的使用電腦和手機，讓他們有好樣的可以模倣。當然，除了教育自己的小孩以外，我們也要體認自己對別人小孩也要負責，不要做出壞榜樣，讓我們大家一起成為Part of the Solution（解決問題的一部分）。

第二，不是小孩沉溺，是不好的教養（It's not Addiction, it's bad parenting）

另一個現象是有些父母把手機或平板當成免費的保母（baby-sitter），小孩吵鬧的時候就把平板塞給她，這樣可以讓她忙好幾個小時。這當中，媽媽可以在旁邊和朋友聊天或做自己的事。

當這些事情一再重覆時，大人就用上「沉溺」之類的標籤，事實上，是底下的根源是壞的教養方式（bad parenting）。父母必須要了解，父母的責任並不止於你的眼見所及，也不是只有你可以觸摸得到的才要管。

現代的父母難為（這個我同意），你還得管到虛擬的空間去。我指的虛擬空間包括

Internet、電玩遊戲。我的意思是你會去看你的小孩看什麼電視節目，你也必須去了解他在電腦和手機上玩什麼。如果你不懂，很可能好東西被你認為是不好的，不好的東西卻被你認為無所謂。真正壞的東西，你必須一開始時就防堵，否則就像江河流到下游，已經成了氣候，那時候做什麼效果恐怕不大。

所以我在說的是父母要做的有三件事。

一、**父母要有自制力**。要當個模範，不要變成一個「做我說的，但不要做我做的」（Do what I say; Don't do what I do）壞榜樣。

二、**父母要有知識**。你必須知道孩子在弄什麼、玩什麼。如果你不懂，就花時間去了解。很抱歉，這沒有捷徑，你必須要花時間和精神。

三，**父母要陪伴**。父母自己遵守原則，是一個好的榜樣；父母有知識，知道什麼是好的，什麼是不好的；這兩者兼具，小孩子還是有可能沉溺在電玩的虛擬世界，或花太多時間在社交媒體上。所以需要有第三點，那就是陪伴。

陪伴在此處並不是說和小孩綁在一起，而是說父母需要完全知道小孩在做什麼，從事什麼網上的活動。當然，這指的是年紀比較小的小孩，如果孩子大了，這件事還沒做好，你無法信賴他在網上會有什麼行為，老實說，那就已經晚了。這就是為什麼從一開始就把這幾件事（電腦、手機、電玩、社交媒體、網上活動）弄好是那麼重要了。

第三，訓練小孩獨立自主的能力（Independence）

小孩如果有獨立自主的能力，他就能判斷是非，不會陷入同儕壓力（Peer Pressure），也不會掉到群體思維（Group Thinking，意思是被別人牽著鼻子走，沒有自己獨立的想法）的問題裏。

不會人云亦云，不會看別人做什麼就跟著起鬨，也不會去學些壞榜樣，因為他能有自己的價值系統，知道做什麼事都會有後果（consequences），會想到稍遠一點的未來。也就是說，如果自己的某一個行為會有影響到未來的後果，那他可能會踩煞車。比如說，他想要在手機或電腦玩電玩，想到應該做完而未做完的功課和考試，他可能會以課業和考試為主，放棄他繼續玩電玩的慾望，這是一個有獨立自主心態的小孩會做的事。

但是不客氣的說，這一點是台灣父母教養孩子最不重視的一環。細節我不願多說，簡單的講，台灣的父母和西方的父母在教養上最大的差別就是這一點。我多次和一些美國朋友聊天，不只一個告訴我，他們在十七、八歲離開家之後，就完全獨立了，Never look back（永不回頭）是他們用的字眼。

這樣聽起來，好像美國人做父母的和做子女的都很絕情，家庭成員之間關係疏離，這或許是一般人對西方社會的刻板印象。但是事實完全不是如此，說他十七歲離家之後，再也沒有回過頭的其中一個人在閒聊中告訴我說，他的媽媽住在安養院裏，他每個星期都會去看她，然後他描述他出了學校有了工作之後（他是一家大公司的CEO），雖然工作繁忙，他每週都回去幫他媽renovate（整修）她的房子。

我懂他在說什麼，他老家在洛杉磯，他的技術足以讓他在全世界任何一個地方找到工作，但他選擇回到洛杉磯去工作，原因不問可知，他的例子並不是特例。我兒子的幾位室友，也是很好的朋友，和家庭的關係都很親密。我們也見過幾位室友的父母，其中有蘇格蘭後裔，也有猶太人，都和子女的關係很好。他們的小孩也都很獨立自主，這和許多人想像的西方家庭都是誰也不理誰的印象是很不同的。

反觀在這裏，父母以及父母的父母，對孩子有巨大的影響力，小孩子人生的每一步，家人都要參與許多的意見，有時候父母的主見甚至凌駕小孩本人的意願。整個社會的氛圍是大家都是小孩。我還聽過已成年的「孩子」找個工作，父母甚至直接連絡雇主，這已經不是新鮮事了。有一位也是長年在國外的中央研究院院士告訴我說，「你知道嗎？台灣大學生的心智年齡只有十三歲。」我很清楚說的是什麼狀況。

我能理解中國文化的社會本來就是比較關係緊密（close-knit），這是一件好事。但是訓練孩子獨立自主的能力是一件放諸四海皆準的事。我們沒有在做，或者說做得很不好，這不是一個我說沒有、你說有的問題，這是一個客觀的事實。

因為做得不好，小孩子缺乏獨立，不能自主，所以很多時候，他的行為偏差，他自己也沒辦法負責，這會在很多他做的事顯現出來，其中包括沉溺在電子產品上，或者是該做的事不去做。

如果是這樣，那該如何訓練孩子獨立自主的能力？這個問題的答案最重要的一點，是父母必須要重新學習，改變自己的觀念。如果做不到這一點，其他再多講都是白費力氣。

在這裏，我必須要提一下，訓練孩子獨立自主是一個漸進的過程，隨孩子年齡的成長要有不同的作法。但切勿誤會，訓練獨立自主並不是不理會他們，隨他們去。我完全反對這樣做；相反的，我要父母參與小孩的獨立，而不是讓父母的參與讓小孩更依賴。

我說的是必須要有一套好方法，從小就給小孩空間和時間，讓他學會單獨和自己相處，讓他獨力完成一些事，不要越俎代庖，不要幫他做，要他負責某些家事（不要幫他找藉口可以不用做），不要幫他做，讓他自己獨立做決定，然後面對他決定的後果，如果行為產生了問題，他就必須要去面對和收拾後果。唯有這樣，才能教出一個完整獨立的人，而不是殘缺的半人。

第四，訓練小孩負責任（Accountability）

這一點和訓練小孩獨立息息相關，但並不重覆。一個人有可能獨立自主，但並沒有負責任的態度。這種人在社會上趴趴走，到處都可以看到。這裏談的是Accountability，不是Responsibility。這是完全不同的。這兩個概念的不同之處，我在其他章節曾說過，這裏就不再贅述。

Accountability要有後果（consequence）才會站得起來。Accountability要由家庭開始，父母要決定規則（rules）和界限（boundaries），不遵守規則或界限的人，就得要面對後果，誰也不能跳過，更不能為某一個人修改規則，逃掉面對後果的責任，包括父母在內。

舉例來說，如果家庭規則是星期一、三、五由小平負責收拾晚餐上的碗盤，他就不能拿他手受傷、頭痛、有功課要寫，或任何理由不做。如果他不做，就要面對某種後果，這個後果可以是某種懲罰（不是體罰，我反對任何形式的體罰），也可以是拿走某些獎賞或特權（privileges）。

有家長問過，如果孩子賴皮，不願接受懲罰怎麼辦？答案是，父母必須從小培養小孩公平正義的觀念，父母做錯，就必須認錯，小孩子才會學會以同樣的標準看待自己的行為。如果父母擁有無上的權威，以及特別的豁免權，規則碰到父母就可以轉彎，那麼你也不必寄望小孩在犯錯或違規時會甘心的接受後果。

總之，父母在家裏必須要創造出「負責的文化」（Culture of Accountability），然後帶頭示範違規受罰，接受後果。家裡有這樣的文化，小孩子絕不會沉溺到電玩裏去或在電腦裏胡搞，因為在沉溺變成事實之前，他已經必須面對太多太多次的後果，也就是說老早已防範未然，問題根本走不到沉溺的階段。

第五，父母控管小孩電腦（Parental Control）沒有用

我在第六章提過一個故事，MIT的一個團隊曾經空降平板給非洲最偏遠的小孩使用，但不提供任何教學或提示，小孩子從來沒見過這樣東西，根本連開關在那裏都不知道。

結果他們不但自己打開了平板，還在平板上自學英文，甚至把平板上安全密碼鎖住的系統設定都改了。沒用過平板的小孩都能這樣，更何況從小接觸電子產品的小孩。

我在自己小孩很小時就給他們電腦，不但如此，他們自小就自己組裝電腦，而且是從各處採購零件，組裝自己的超級電腦。因為小孩子還小，我想這樣隨意上網不安全，於是花了很多功夫花錢採買父母控管電腦（Parental Control）的軟體，這些軟體都說得很棒，它會記錄下小孩子在電腦上所有的活動，包括曾經到哪些網頁，甚至在鍵盤上敲打的每一個字母，都全被記錄下來，然後以Email送到父母指定的信箱。

我安裝完之後，就坐在我的電腦前守候，剛開始軟體就像它廣告上說的，傳來的資料很完備，還包括小孩電腦螢幕上的截圖。結果第二天的資料逾時還未收到，後來小孩子睡了之後，終於我收到軟體傳來的Email，不過這一次什麼資料也沒寄，只收到一封郵件，上面說，軟體需要更新才能重新啟動，更新版的價錢是美金一百萬，下面署名是該公司的執行長。

我看了正覺得莫名其妙，再仔細一看，這位執行長署名叫Andatap。我才恍然大悟知道自己被耍了。這個假名是我的兩個兒子名字的組合Andrew加上Pat，Pat還反過來拼成tap，意思是Andrew and Patrick。他們隔空對我叫陣。我花了美金四十九點九五元，學會了父母控管電腦是完全沒有用的。

說這個真實的故事是和父母們分享我曾犯過的錯誤。孩子能不能破解監視軟體不是我談的重點，我想說的是不要有窺視或暗中監視孩子行為的心態。他們不見得會馬上知道，但是父母與子女之間的關係最重要的是互相信任，要不露出不信賴的馬腳，最重要的一件事就是全然的信賴，當我們經營相互的信任，就會建立信賴的關係。

相反的，當我們有絲毫不信任的感覺，對方立刻就可以察覺出來，這是騙不了人的。所以培養信任就足以防止沉溺，不必再用父母控管電腦。更何況這種監視軟體只對比較小的小孩有用。問題是，比較小的小孩你也不需要監視，你需要的是和他溝通，告訴他什麼是適當的（proper），什麼是不適當的（improper），什麼東西連看都不能看、不屑看，他聽得懂的。

第六，和小孩一起坐下來談螢幕的規則

報載課綱審核準備要讓小中學生參與，有許多「大人」出言反對，期期以為不可，有人說「小孩懂什麼，怎麼審課綱」，有人說教育部瘋了。這些都是典型的威權心態在作祟，這些陳舊腦袋正是我們社會落後的根由。他們完全不懂認知心理學、腦神經科學、腦神經教育學（Neuro-Education）的基本學理。

我們要小孩的Buy-in，要他們把課綱當成是自己的（Take Ownership），要他們的全面投入（Total Engagement），要讓他們有自我動機（Self-Motivation），要他們有自我發動力（Initiation），讓他們參與，要全程參與，把他們含括進來，他們才會認為是自己的決定，才能心甘情願動起來，這是造成自我動機，自動自發最好的辦法，這很難懂嗎？

一匹馬很重，你要怎麼推？只要牠不想動，你是推不動的。牠自己要動的話，可以跑得很快，騎馬的人都知道要怎麼樣去順馬性，你看他們照顧馬，幫馬刷毛的樣子，你就會懂這個道理。馬是如此，人更是如此。

怎麼騎馬的人都懂的道理，「大人們」卻反而不懂了呢？你說「小孩子懂什麼？」

就是因為他們不懂，所以才會是我們大人在帶頭。要不然，大人存在的價值是什麼？你是誰，你憑什麼在幫他們要學習的東西做決定，反而主人都沒了權力，連說幾句話的資格都沒有？這是什麼道理？

更何況，讓學生參與，也是教育的一部分，而且是很重要的一部分。我們應該把這個小孩難得參與的機會，教導他們如何行使公民參與，如何開會，如何互相尊重，如何異中求同。怎麼做教育的人反而在反教育呢？小孩是當事者，你卻把他一腳踢開，不但越俎代庖，垂簾聽政，把小孩的參與當成是威脅，而且還大聲叫囂，這怎麼會是當老師的人該有的樣子。這是什麼荒唐的景象？

又一次，這又是整個社會的氛圍，一個社會掌權的人會如此，難怪年輕人不能獨當一面，因為老人佔著所有的面，年輕人連半面都沒有，如何談獨當？這個社會每一個角落都是如此，無怪乎已經落後其他地方這麼多，我們自己還看不到，或者是看到還不承認，這和國王以為他穿著新衣，其實是一絲不掛有什麼兩樣？

社會是如此，家庭不必要跟著學。聰明的父母一定知道，你自己的小孩就是一匹頑強的馬（如果你不確定，那我可以告訴你，他是），你要他順從，最好的辦法就是和他坐下來，一起來制定「螢幕規則」（Screen Rules，指的是使用電腦、平板、手機等電子產品的規則），和他好好溝通父母的想法，調整（align）子女和家庭的目標，確立目標的共識之後，每一件事件應該怎麼做，也都能跟著決定。

這包括有多少時間可以花在螢幕上、有多少時間使用電腦。做功課、寫作、閱讀、學東西、玩遊戲、學駕駛電腦、學電腦程式等等；這樣，每件事情都照顧到，也都有它自己的時間。小孩子既然參與這個決定，這等於也是他的決定，他自然會遵守。結論是，他能夠某種程度的自主，獨立，也有負責任，願意承擔後果的訓練，又得到應有的尊重，他絕對能信守他的承諾（Hold up his end of the bargain）。

到這裏，你應該能相信我說的，沉溺在電腦這件事，是離他很遙遠的一件事了。

PART IV
你以為不好的，其實是好的

CHAPTER 9 失敗

「除非你日子過得很小心，人不可能活著卻不在某個地方失敗。如果過得那麼小心，還不如不要活。問題是，如果這樣，那照定義來說，你就是失敗了。」

說這段話的人叫J.K. Rowling，如果你不知道她是誰，你至少應該聽過《哈利波特》（*Harry Potter*）系列故事。她就是寫哈利波特的作家。哈利波特系列的書加上電影讓J.K. Rowling成為全世界最富有的作家，她的身家一度超過美金十億元，她同時是全英國最富有的女性排行榜前十名內唯一白手起家的人。

雖然她今天名利雙收，但是她剛開始寫作的時候是非常辛苦的。她剛離了婚，沒有工作，一面獨力撫養她那時候才剛出生的女兒，一面自己還在讀大學（她那時候二十八歲了），她和女兒靠政府的社會福利金度日，她同時患有嚴重的憂鬱症，好像這一大堆麻煩還不夠她煩惱似的，她還一面開始寫她的小說。

她自己就是她上面講的這一段話的活見證，再苦她也要寫，再苦她也要冒險（一般人在她的情況下，很可能就是找個工作撫養女兒，光這樣可能就忙不過來了），再苦她也要堅持，再苦她也要去追求一個一般人以為不可能的夢，她沒有瘋掉基本上就是個奇蹟。

嘗試失敗，遲早會成功

許多科學研究都得到一個相同的結論：有相當成就的人和一般人之間的差別比想像中小很多。事實上，這兩種人做事的成功率是相同的，不同的是嘗試的次數。這是什麼意思？意思就是說，**有大成就的人嘗試的次數多，失敗的次數也多**（看到了嗎？這兩種人的成功率是一樣的），**他們只是讓自己有更多從失敗裏去學習的機會**。就這樣，就這一點差別。

如果你不相信，聽聽看籃球史上的天王喬丹（Michael Jordan）怎麼說：「我籃球生涯裏有九千顆球沒有命中，我輸了三百場球賽，有二十六次，球隊賦予我（在球賽結束槍響前）最後投進致勝分的機會，我失誤了。我一輩子不停的一次又一次失敗，這就是我成功的原因。」

我們還沒有學到嗎？放手去嘗試，去冒險，成功只是早晚的事，J.K. Rowling、喬丹的例子還不夠說服我們嗎？如果還不夠，沒關係，因為從失敗走到成功的人太多了，隨處一撿就有。

比爾蓋茲，微軟王國賺進的財富使他成為現在世界上最富有的人。一般人對他的印象是他由哈佛大學輟學後，和他的朋友Paul Allen共同創立微軟公司，然後一帆風順到今天。這個印象省略了太多細節，事實上，他和Allen創辦的第一家公司不是微軟，而叫Traf-O-Data，你聽過嗎？你沒有，因為他們失敗了。不只如此，如果你去讀比爾蓋茲的故事，你會看到在微軟幾十年的經營過程中，幾乎每一天都是驚濤駭浪，失敗根本就是常態。

關於失敗和成功，蓋茲說了一句饒富哲理的話：「成功是個很爛的老師，他讓聰明的人以為他們不會失敗。」他的意思是說，不要因為暫時的成功就得意忘形，成功是一時的，要謙卑。他又說：「不要拿自己和世界上任何人比較，因為如果你這麼做，就是在侮辱自己。」他的意思是每一個人都是獨特的，他的一輩子也是完全屬於他自己的，成功與否，完全在他自己的標準、自己的看法，任何比較都沒有意義，旁人的置喙也是多餘的，你不要讓任何人來幫你過你的生活，你的一輩子是屬於你自己的，你應該用你自己所知的最好方式去過你的人生。

每個小孩的小夢想之一就是到迪士尼樂園一遊。一般人叫久了，忘了迪士尼其實不是個地名，而是個人名。這個人的名字叫華德·迪士尼（Walt Disney），他是迪士尼樂園的創辦人。你會說，當然囉，這個你知道，你不知道的是，他年輕時被報社炒魷魚（就是開除），他的上司給他的評語是他「缺乏想像力，沒有好創意」。

他被公司遣散後就開始創業，他一次又一次的失敗，到最後一敗塗地，宣告破產。他上司的評語好像一語中的，但是迪士尼還不放棄，他繼續嘗試。我們都知道到今天，他的成就怎麼樣。

我們談失敗，不要忘了一個最有名的例子——賈伯斯。賈伯斯在二十來歲創立了Apple這個無人不知，無人不曉的公司。誰會想到他三十歲的時候，被自己一手創辦的公司開除。這不可思議的程度就像今天你聽到Facebook把創辦人Mark Zuckerberg開除是一樣的。

那個時候，大多數人的想法是，噢，那他完了。對賈伯斯來說，他沒把它看成是個挫敗，他還是挺直腰桿，創辦了NeXT，後來賣給Apple，他也回鍋Apple，今天Apple能成為全世界市值最大的公司，大多數人首先會想到的名字就是賈伯斯。

亨利・福特（Henry Ford）在一九〇三年創辦福特汽車公司，距今超過百年，是一家人盡皆知的大企業。但是少有人知道他失敗過很多次，包括他在一八九九年創辦的底特律汽車公司，消費者一致認為他的車又貴、品質又差。他損失了很多的錢，換成另一個人，可能就鳴金收兵了。但是他不一樣，他決心造出令人刮目相看的汽車。

一九〇四年，他推出了一部叫做「福特999」的車，車子在四十秒內跑了一哩（時速每小時九十哩），打破了汽車速度的紀錄，也打響了他的名號。一九〇八年他又推出了一部叫「Model-T」的車子，這部車售價低、品質好，消費者爭購的結果，福特汽車在一九一四年創下二十五萬美金的年營業額。

亨利・福特說過一句話：「你認為你能，或者認為你不能，你都對。」意思是，你認為你可以做到什麼，你就能做到。你認為你做不到什麼，你也就做不到，你自己決定你的前途。

不妄自菲薄，不害怕失敗

如果你覺得你是個小人物，不可能有什麼影響，那麼請你聽聽看一位叫Anita Roddick的女士怎麼說。她說：「如果你覺得自己很小，不可能有什麼影響力，那試著睡覺時和蚊子共處一室試看看。」她的意思是蚊子雖小，卻可以叮得你滿頭包，讓你難受不已，所以你也不要妄自菲薄，小看了自己。

她當然有資格說這些話，因為在她創辦的保養品牌變成今天在六十一個國家的二千五百家店之前，一九七六年剛開始時，只是在一個英國小鎮的一家小店。而且她的店名——The Body Shop（美體小舖）——還遭到隔壁兩家葬儀社抗議，他們說她的店名侵犯到他們的專利。

Roddick覺得又氣又好笑，她於是找上一家報社，把這件事情當成免費公關廣告，在媒體上炒作。藉著這個事件的助瀾，她的「Body Shop」很快就名聲遠播。

我因為常失敗，因此喜歡研究失敗，或者說反敗為勝的故事。我也喜歡讀有關失敗的書，最近讀到一本書，是一個英國人Tim Harford寫的《調整：為什麼成功永遠由失敗開始》（*Adapt: Why Success Always Start With Failure*）。根據Harford的看法，成功不是一蹴可及，它永遠是經由快速修補失敗後達成的。他建議「給自己創造一個安全的空間，在裏頭練習失敗」。

他舉了Twyla Tharp當例子。Tharp是美國著名的舞蹈家和編舞家，她曾說過：「最好的失敗就是在自己的房間裏，沒有陌生人，只有你自己看到的失敗。」她是個舞蹈家，在眾目睽睽、別人花錢買票來看她跳舞的情形下，失敗不是一個選項。所以她每天早上五點半就到練舞蹈教室連續練舞三小時，全程錄影練舞過程。三個小時之後，如果能找到三十秒鐘可用的片段，她就相當滿意了。

意思就是說，她在三小時練習時間中，大多數時候都是失敗的，但就是這些失敗把她推到正式演出的成功，沒有這些失敗的累積，就不會有演出時的滿堂彩，而她的失敗是在她給自己分隔出來的空間和時間裏發生的，所以是安全的。

Harford說，除非你在核電廠裏工作，一點差錯都出不得，否則你應該在工作中給自己空間和彈性，去嘗試一些可能失敗的事，由嘗試錯誤獲取經驗，然後再去實驗新的方程式，如此到最後可以獲取最大的成功。Harford提到，不管你同不同意，大學生涯是個相對安全的實驗所，人們在大學裏嘗試很多新的事物——交朋友、參加活動、社團及選修各種課程等等——大部分的人在大學裏犯了很多錯誤，也從錯誤裏得到教訓，然後走出校園，成為一個更成熟的人。

我的問題是，在台灣，我們幾乎是由出生就不准犯錯，不要說大學，在小學、國中、高中都是戒慎恐懼，如臨深淵般的步步為營在過學生的日子。父母在旁邊雙手，不，四隻手扶持著，失敗是丟臉的，是不可能接受的，就這樣上了大學，出了社會，一輩子兢兢業業的過，不知道失敗是何物。

但是，這樣的一輩子，根據J.K. Rowling的說法，一生也都沒有真正活過，可說是白活了，更遑論活得精采，可惜了。

失敗的履歷表

英國愛丁堡大學研究員Melanie Stefan於二〇一〇年在《自然》（Nature）期刊發表了一篇文章，叫〈失敗的履歷表〉（A CV of Failure）。她在文中提到，當她還在美國加州理工學院當博士後研究員的時候，申請獎學金被拒絕了。

同一天，巴西世界盃遴選委員會宣布不錄取著名的球星Ronaldinho入國家代表隊，也就是說他將無法代表巴西在世界杯足球賽露臉，這對Ronaldinho可以說是奇恥大辱。對一個名不見經傳的博士後研究員來說，和Ronaldinho這樣世界級球星在同一天遭受挫敗，她阿Q式的自我安慰，總算和巨星沾上邊了。

事實上，獎學金申請被拒絕，基本上是個常態，只有約百分之十五的申請者可以拿到。意思就是說，從機率來看，一位研究人員撰寫冗長的研究經費或獎學金申請，寫了七次平均才會有一次中選的機會。每寫一次這種研究企劃案，可以耗上個把月的全副精力和時間，這真是件十分耗神的事，但是所有從事科學研究的人都知道，這是不會改變的事情，如果要說的話，科學研究成功的機率比取得研究經費的機會要低得太多了。如果怕失敗，根本不會走上研究的路。

Stefan在思考，既然早就知道申請後得到獎學金的機率會不大，為什麼真的收到拒絕通知時，還是那麼難過。她的求學過程，由小學、中學、大學，一直到研究所取得博士，可以說是過關斬將，所向披靡，一帆風順，鮮少挫敗。看看她履歷表上的成績、得獎紀錄等戰功，就可以知道所言不假。

她分析後發現，履歷表上寫的都是她成功的紀錄，至於比成功多很多很多的失敗紀錄，連一筆都沒有。不但她的履歷是如此，整個學術界裏所有人的履歷都是只有成功，沒有失敗。而這些失敗，不像Ronaldinho的挫敗，每一個人都看得到，因為球星或公眾人物是活在透明魚缸裏的魚，一舉一動，包括挫折失敗，世人都看得清清楚楚。學術界的人，或者更擴大來說，任何平常人（相對於公眾人物），失敗都是被隱晦的事，更不可能在履歷表上顯現出來。

Stefan認為這種扭曲的現象抹煞了失敗之於成功的重要地位，並且傳達失敗是羞恥的，是需要隱藏起來的，不但造成觀念的錯誤，它還有更深遠的影響，這我在後面會另外詳述。Stefan說不去提失敗的經驗，甚至會讓本人都忘記自己的成就是經過多少失敗才累積出來的，所以當遭受挫折時，會變得難以承受。

Stefan建議每一個人都應該有第二份履歷表，裏面清楚的列出所有曾經遭遇過的失敗經歷，不必詳細寫下每次失敗的經過，只要一條條的列清楚。她認為，這樣的「失敗履歷」有助於每個人的療癒，讓自己往前看，就好像英勇的戰士把身上的疤痕當成是光榮的印記。

她說，失敗履歷會是正常履歷的六倍長（假設你和Stefan一樣，成功率是百分之十五的話），一開始看，自己恐怕會覺得不安與沮喪。但是，到最後，失敗履歷會「提醒」一個人他所經歷過的人生，打過的美好戰役，這是非常值得做的一件事。

最後，如果可以的話，把你的失敗履歷公諸於世。這樣做，有可能會讓別人更尊敬你，也有可能因為你的屢敗屢戰，堅持不退的精神，鼓舞了你周遭的人。

一位大學教授的失敗履歷

普林斯頓大學心理學及公共事務系教授Johannes Haushofer接受了Stefan的建議，不但寫下他的失敗履歷，而且公布在網路上，造成轟動。絡繹不絕來訪問他的媒體問他為什麼要這麼做，Haushofer回答道，「我所做的事大部分都失敗了，但是都沒有人看到，大家看到的是我的成功，這樣會給別人我所做的事情都成功的印象。」

只談成功，避談失敗，有非常嚴重的後果，因為這樣會給大家錯誤的自我認知（self-perception），以為失敗都是自己造成的，為什麼別人都一帆風順，而自己卻做什麼都失敗，造成自哀自怨，自我憐憫，到最後，連再站起來的勇氣都沒了。

Haushofer在他的失敗履歷裏列出在當學生申請學校被拒絕的紀錄：

申請大學時，他被倫敦大學經濟學院拒絕。

申請研究所，他被美國的哈佛大學、史丹佛大學拒絕，被英國的劍橋大學、University College London拒絕。

申請教授職位被MIT、加州大學柏克萊分校、哈佛大學拒絕，他特地註明這些是有被學校邀請去面談，但是最後並沒有獲得教授職的情況。如果要包括他沒得到面談機會的學校，以及他的教授認為沒辦法幫他寫好的推薦信的學校，他說那名單就更長了，他得另外找時間來詳列。

接著他列出他沒能得到的獎項，從二〇〇三年到二〇一一年，他共有八項獎項槓龜了，這個地方我相信一定還不只這些。

接著他又列出他的學術論文遭科學期刊拒絕，以及研究經費申請被拒絕的紀錄。

最後，他開玩笑的列出另一個「失敗」，就是他的「成功履歷」（就是許多教授放在學校系所網頁上的那一份）得到的青睞只有他「失敗履歷」的萬分之一。

失敗的經歷比成功的經歷得到的關注要多，看起來是件奇怪的事。但是想想看，我們清楚自己的挫敗經歷，或許也知道近親和朋友的挫折，但是對於那些各行各業有成就的人，我們就不了解他們的失敗經歷，因此常以為他們不是幸運，就是有超人能力，再不然就是銜著金湯匙出生，是人生勝利組。

我們甚至會以為別人的成就是僥倖得來，而忽略了別人之所以有今天的成就，很可能是他流血流汗、堅忍不拔，甚至在異於常人的逆境中奮鬥不懈，才有的結果。這種誤解——看不見別人成功的背後所付出的努力和代價——常常讓我們失去努力不懈的動機，結果造成永久的、不可逆轉的失敗。

了解名人的失敗經驗振奮人心

一群哥倫比亞大學的研究人員在《教育心理學期刊》（Journal of Educational Psychology）發表了一篇論文。研究人員從紐約四所的高中裏，找了四百零二位九年級及十年級的學生，他們都是來自Bronx及Harlem的低收入家庭。

研究人員把他們分成了三組。他們讓第一組（控制組）高中生閱讀三篇各八百字的愛因斯坦、居禮夫人及法拉第（Michael Farady，著名英國科學家，研究電磁學及電化學）成功的故事。

第二組學生則研究就這三位科學家在生活上的奮鬥經歷，比如說居禮夫人要遭受世人對女性科學家的歧視和不平等的待遇，愛因斯坦因為猶太人的身分必須逃離德國，而法拉第則得突破他窮困的出身背景。

第三組學生則研究三位科學家在科學研究上的奮鬥過程，比如說居禮夫人要面對一次又一次的實驗失敗，而愛因斯坦則要不停去說服他的同事，證明其重力是可以讓光線彎曲的理論。

研究人員在六個星期的實驗結束之後，發現第二組和第三組的學生在實驗結束後的學業成績表現上遠比第一組的學生要出色。

本來以為第二組和第三組的學生，在看到科學家必須突破的重重阻礙和經歷的種種困境之後，或許會感到自己的渺小而放棄努力（怎麼做都比不上這些天才）。結果卻是，研究人員由第二、三組學生對待學習的表現與態度得到下列結論：科學家的奮鬥與努力感動，也感染了他們。

比較出乎研究人員預估的是控制組的學生。他們閱讀了幾位科學家的教科書般的小傳，了解了他們成功的故事，沒想到反而改變了他們對待學業的態度，他們變得比較不積極，學業成績比還沒參加實驗前更差。

研究人員對控制組學生表現的解釋是，這一組學生認為這些科學家天賦異稟，他們永遠也做不到，所以乾脆就不去嘗試了。研究人員最後下了結論：「這組學生不了解的是，所有的成功都需經過許多的失敗和長久的努力才能達成。」

「失敗履歷」的故事，加上這裡提到的科學研究，讓我們很清楚的知道，在教育小孩及自我教育的過程裏，強調成功是許多失敗的過程累積出來的結果有多麼重要。

但是我們的教育、家長的觀念，和整個社會的氛圍，是歌頌成功，錦上添花，把失敗當成見不得人、恥辱的事情，是需要隱藏起來的事。連成功的人也懼談、避談失敗的經歷，社會崇尚的是人前的風光，失敗被當成是丟人現眼的事，隱藏到黑暗的角落去。

我們的孩子被教導成只許成功，不許失敗。所以會失敗的事，有可能失敗的事，就沒有人要做。問題是，只要是重要的事、大事、非做不可的事（比如說教育改革），都是有可能失敗的，甚至一定要屢經失敗，繼續不斷嘗試才有可能成功。

所以大事、非做不可的事、重要的事、能改變未來，讓我們反敗為勝的事，就沒有人做，因為社會唾棄風險，鄙夷冒險，能冒險的人被當成悲劇英雄，大家看好戲。個人心態如此，社會國家對待冒險、失敗的態度與作法亦或如此。冒險被當成躁進，失敗被視為可恥，社會對失敗的不寬容與指責成為輿論與人民的聲音。

社會認定的正面辭彙的是謹慎、小心、保守、穩定、順利、穩健；而冒險、失敗、挫折、嘗試、實驗、摸索、探險、拓荒、開創被當成是髒字。這樣的氣氛，在農業時代或許還可以應付，在今天瞬息萬變的複雜世界，是絕對無法應付已經到來的挑戰。這樣的想法和作法，根本無法培養出能帶領社會走出現狀、突破困境，扭轉乾坤的領袖人才。

成長心態

家長對於小孩子遭受挫折或失敗時的態度深深影響著小孩子一輩子成功與否。根據心理學家的研究，如果孩子認定，個人的能力與智力可以經由鍛鍊而增加，而不是與生俱來，不能改變的事實，那麼他們在面對不可避免的各種挫敗時，就會採取比較樂觀、開放的態度。這種心態，心理學家稱為「成長心態」（Growth Mindset）。

成長心態是相對於「固定心態」（Fixed Mindset）說的，固定心態就是認為天生的資質決定一切，認為如果自己不夠聰明或能力有限，再怎麼努力都是枉然，與其白費功夫，到頭來還是做不到，不如不要做，省得浪費精神、體力和時間。

一旦小孩子有了這種固定心態，要他去嘗試、努力、冒險、堅持，鍥而不捨的追求什麼，都會很困難。縱使他在父母、師長的勸說下或許會勉強去試試看，但是當他已不相信他也可以的時候，他不會義無反顧的去嘗試，他會帶著畏縮的心理去試一下，然後告訴自己，也告訴別人，「你看，我試過了，我就是不行。不要再來煩我了。」

史丹佛大學心理學家Kyla Haimovitz及Carol Dweck於二〇一六年六月在《心理科學》（Psychological Science）期刊發表了一篇論文，論文的題目就是他們的結論：「什麼會造成小孩具固定或成長心態？不是父母對智力的看法，而是父母對失敗的看法。」

這個結論，不仔細思考，會發現有點弔詭，而且違反常識。我們說過，固定心態或成長心態指的是相信智力與能力是可以經由後天的努力而增進（成長心態）或無法改變（固定心態）。

照理講，小孩子這種心態應該是受父母對智力的心態影響才對，怎麼反而是父母對待失敗的態度在決定小孩對待智力的心態呢？Haimovitz及Dweck給我們的答案是，小孩不見得能清楚知道父母怎麼看待智力和能力（意思是，如果父母不直接說「你真笨，我看你不用再做了，你做什麼都成不了事」，小孩子其實不容易分析出父母是具成長或固定心態），但是他們很容易由父母在他遭到挫敗時的反應裏得到暗示，這些暗示決定了他們相信智力和能力是可以或不可以改變的。

Haimovitz及Dweck找了七十三對父母與子女來參加他們的研究，他們做了四個實驗，得到的整體結果是，父母有人以「糟透了」或「天要塌下來了」的態度來看待小孩的挫敗，也有人以「失敗可以讓他學到經驗，再努力就能成功」的樂觀態度看待失敗。這些心態決定了他們處理的作法，而這些作法影響了小孩是具成長心態（我再努力，下次結果會不同）或固定心態（我就是做不來，糟透了，可能我就是沒那個能力吧）。

如果家長在處理小孩失敗——比如說他某個考試考壞了或有某種行為上的偏差，或者做了什麼壞事——的時候，就能把焦點放在「可以由這一次的失敗學到什麼，下一次怎麼做」，也就是說小孩可以由失敗學到什麼，而不是把焦點放在他的能力或智力上（為什麼你表現會這樣？班上那個某某某，不是每次都很厲害，這一次是不是還贏過你？），甚至責怪或打罵小孩。

父母請注意，一時的情緒發洩，或許你覺得沒什麼，過去就算了，但是可能對小孩造成一輩子的影響。有時候父母的一句話，甚至一個眼神，都足以影響小孩學習動機和學習心態的積極與否，甚至影響他的自信以及他對待自己未來前途的態度。
父母還能不小心、不努力的吸取知識、自我成長嗎？

CHAPTER 10 電玩遊戲

每當發生校園槍殺案或社會上殺人案件，只要凶嫌是年輕人，總會掀起媒體一面倒的報導，兇嫌喜歡玩暴力電玩遊戲，因此導致凶嫌的暴力傾向，造成最後的流血凶殺案件。

從有電玩遊戲開始，這個問題從來沒有停歇過，只要一有殺人案，媒體的報導加上各界討論聲音就要喧騰一陣子。少有人去探討社會事件背後的成因，究竟是什麼原因造成兇手凶殘的人格，沒有人去理性探討。

然後所有的電玩遊戲都跟著暴力電玩一起背上罵名，電玩遊戲和網咖、逃學、逃家、偷竊、反社會人格、叛逆、犯罪、殺人、誤入歧途等等這些字眼和概念被視為近義詞，歸為一類，直接掃進社會的黑暗面。

暴力遊戲未必真是暴力事件源頭

但這是完全錯的，反映出來的是整個社會的淺碟、無知、剛愎，不問究竟，想當然耳的群體低智。

事實上，暴力遊戲是否為社會暴力事件之因，或者說，究竟暴力電玩是否為造成兇手凶殘個性，變成行兇的根由之一，在學術上從未獲得證實。媒體無根據的胡亂報導，加上社會輿論未審先判的「共識」，不經思考的把責任推到暴力電玩上，而讓社會凶殺案發生的真正原因在眾人大聲爭辯，眾目睽睽之下溜走，永遠遭忽略，這才是最大的危機。

我相信，真正的最魁禍首，必須要由整個教育制度、社會結構、心理健康、政治、法律、經濟、文化、社會風氣等等各個層面，由理論和實務去重新審查，每個人往內心去檢視，問題的真正起因，以及防治的辦法，才有可能浮現。隨便找個理由搪塞，只會顯出整個社會的心虛、粗魯不講理、便宜行事，以及民粹橫行的謬誤心態。

說了這麼多，好像我同情或贊成暴力電玩遊戲。事實上，暴力電玩遊戲有許多種，單純動刀動槍或生存遊戲之類的暴力電玩的存在，和許多帶類似暴力的電視電影一樣，都有它存在的價值和必要。如果這世界只有喜劇和談情說愛的電影，沒有談戰爭或觸及社會黑暗面，帶有衝突暴力的電影，我們會覺得很奇怪，原因是電影（或文學、藝術）是在描寫人生，暴力是人類生活的一部分，我們沒有任何理由禁止這類題材的電影。

只是這一類的暴力遊戲適合成人或某個年齡以上的人才能玩，我認為某些年齡以下的小孩當然應該禁止接觸這一類的電玩，如果他們還在玩這類遊戲，那是父母、學校和成人沒有做到他們應該要做的事。這就是為什麼我說當社會發生事情時，每個人不要覺得和自己無關，而要往自己內心去檢視的原因。

有些暴力電玩的暴力太過極端，在這裏我不想舉例，但是那一類的暴力電玩，我認為不應該存在我們的社會之內。設計和製作那些電玩的廠商，應該要思考自己的社會責任和作人的基本自重，不要再去製造那一類損害做為人的尊嚴的東西。

如果還不清楚的話，讓我在這裏說得更明白一點。舉例來說，戰爭遊戲是暴力的，或者掃毒警探追緝毒梟等等之類的暴力遊戲是屬於可以分級上市的暴力電玩，但是色情加上強暴、搶劫犯等角色扮演的暴力電玩，絕對不宜。

當然，言論和創作的自由是法律應該保護的基本人權，中間的分際可以而且也必須要拿捏清楚，不能讓社會及人權受到一點損傷，這是非常重要的。

容我再把我的看法簡單做個結論：

一，暴力電玩和社會上發的兇殺事件之間，並不見得有關聯，我們不能妄下結語。希望我們的社會不要再一次陷入同樣的低智陷阱。

二，暴力電玩有很多種，有些是可以存在的，但需有年齡限制，大人有責任要把關。

三，暴力電玩只是電玩遊戲的一部分，不是全部。意思是，並不是所有的電玩都是暴力的。

以電玩做為學習的指導原則

弄清楚這些之後，可以進入我的主題，談論電玩遊戲是一項偉大的發明，一個最好的學習工具，它除了可以提供學習和遊戲之外，還有許許多多好處。

在深入探討電玩遊戲的本質之前，我們先來看看一個用電玩遊戲來幫助學生學習的實例。這是一所位在紐約的公立學校，整個學校成立的核心理念就是把玩電玩的熱情、高學習動機等特質轉化到學生的學習上。這家叫做Quest to Learn（Q2L）的學校由一位名叫Katie Salen的女士和她的夥伴在二〇〇九年共同創辦。Katie Salen是遊戲和動畫的設計者，也是芝加哥DePaul大學電算及數位媒體學院的教授。

這個學校成立的理念由電玩遊戲啟發（Game-inspired），並不是說所有學生每天都在打電動，而是說Q2L學校的學生對學習、解決問題、面對複雜的挑戰感到興奮，而玩電玩的人都知道這三者——學習、解決問題、面對挑戰——都是電玩最基本的元素。

Katie Salen提到她為什麼要創立這個學校?她說，「看到一般學校的學生對學習失去興趣（disengaged），我們對這個需求做出了回應。」

她以四點說明了為什麼要以電玩做為學習的指導原則：

一、因為電玩遊戲要我們合作，要我們一面做，一面學習。

二、電玩立刻回饋，馬上讓我們知道是贏是輸，讓我們失敗後，一次又一次的「重來」（Iterate）。

三、和傳統學校不同，在電玩裏，失敗不只是必須的，同時也是重要的。電玩創造出一個讓學生可以一試再試，直到成功的空間。

四、在電玩裏，學習不是被人餵出來的，學習是玩出來的。

歸納這四點——合作、回饋、重來、玩中學——都是電玩遊戲的特點，轉移到教學和學習上，變成深具威力的學習理念。

根據Q2L的說法，以遊戲為本的學習法（Game-Based Learning）有七個重要的原則：

一、**分享的文化**。在遊戲裡，大家分工合作，各司其職，每一個人都要參與，都要貢獻自己的專長。

二、**挑戰**。在電玩裏，挑戰到處都有。解決問題的資源雖非唾手可及，但也就在附近，努力去找就可以找到。

三、**動手去做，才會學到**。學生用測試，實際去做，驗證的方式學習。

四、**立即而且不斷的回饋（Feedback）**。學生會一直得到對他學習進展的回饋。

五、**失敗在電玩裏的名字叫「重來」，學生有嘗試錯誤的機會**。

六、**人與人的連結**。學生和網路內的群組或個人連繫，並分享他做出來的東西以及其他的學習成果。

七、**學習的過程感覺就像遊戲一樣**。

我們的小孩在家自學，用電玩遊戲，以及由電玩所啟發的教學理念來學習，一直是我們的重點之一，我很清楚它的好處和威力，因此我們經過多年實驗之後，把Game-Based Learning納入EDUx學校教學的一部分。現在，讓我來揭開電玩遊戲真正的面目，希望看完之後，你能真正了解電玩遊戲根本是一個超級有用的學習利器，然後思考一下如何讓電玩遊戲幫助你及你的小孩的人生更美好，更上一層樓。

電玩遊戲的好處

以下幾點是我歸納出來玩電玩遊戲的好處：

第一，電玩讓大腦灰質層變厚，增加大腦的記憶和工作效率

德國馬克斯研究學院（Max Planck Institute）的研究人員找了二十三個成人（平均年齡二十五歲），讓他們每天三十分鐘，連續二個月玩一個叫做Super Mario 64的電玩遊戲。另一組控制組的人則在這段時間內完全不玩電玩遊戲。

二個月後，研究人員以fMRI（功能性磁振造影）觀察他們的大腦，發現玩遊戲這一組人大腦右邊海馬體（Hippocampus）、前額葉皮層（Prefrontal Cortex），和小腦（Cerebellum）部分的灰質（Gray Matter）顯著增大，而控制組的人大腦則沒有變化。

這幾個大腦位置剛好是掌管我們空間概念、記憶形成、策略規劃，以及小肌肉運動技能（Fine Motor Skills）的區域。主要的研究人員Simone Kühn說，「這是首次直接把玩電玩和灰質層的增厚連出因果關係的發現」。Kühn提到這個發現表示，電玩遊戲未來有可能用在治療某些大腦灰皮層萎縮的病變，這類的大腦病變包括老人失智症、創傷後壓力症候群（Post-Traumatic Stress Disorder），及精神分裂症（Schizophrenia）等。

電影如此，電玩也是如此，暴力電玩是人生的一部分。如果我們不會把社會兇殺案的責任推給暴力電影，為什麼不分青紅皂白的把問題推給暴力電玩？

第二，電玩遊戲讓你變聰明

英國倫敦大學瑪麗皇后學院（Queen Mary University of London）及倫敦大學學院（University College London）的研究人員，找了七十二位自願參與實驗的人，分成二組，讓他們在六到八週內玩了四十個小時的電玩遊戲。第一組參與者玩的遊戲叫StarCraft，是一個策略電玩遊戲，第二組的人玩的是The Sims，是一個生活模擬遊戲。他們找到的受測者大部分是女性，因為研究人員要找的對象是原先不玩電玩（少於每週二小時）的人，但是他們找不到這樣的男性。

研究人員讓受測者在實驗開始前及結束後做心智測驗，發現第一組的受測者在認知彈性（Cognitive Flexibility）的部分回答的速度（speed）和準確度（accuracy）都提高了，第二組受測者的成績則無變化。

認知彈性所測驗的是實驗對象由一項考驗跳到另一項考驗的速度與能力，顯然像StarCraft之類的策略遊戲，有許多不停轉換策略及做決定的練習，因此幫助了思考的彈性度；而比較靜態的模擬遊戲如The Sims就沒有這樣的功能。研究者同時發現，玩StarCraft裏愈複雜的功能，最後在認知彈性測驗的進步就愈大，這可能顯示練習時間及挑戰難度增加，對受測者腦力的助益就愈大。

這組研究人員正在進一步研究電玩是否可以幫助過動症（ADHD）或大腦創傷症候群的小孩，其他研究人員的研究也顯示這一類的電玩遊戲有可能幫助失語症（Dyslexia）的小孩克服閱讀障礙。

第三，電玩遊戲增進你的決策能力。

美國羅徹斯特大學（University of Rochester）的研究人員C. Shawn Green找了五十位年輕人，讓他們每個人玩五十個小時的動作類遊戲（Action Games）。所謂動作類遊戲或動作電玩，就像電影的動作片一樣，需要不停接收來自螢幕上各個角落的視覺訊息，由眼角餘光掃瞄，並且追蹤不停變換位置的物體，然後根據這些視覺訊息當機立斷做決定。

對照組則是同樣年紀的年輕人，Green讓他們玩慢步調的策略遊戲。五十個小時之後，Green報告他的實驗所得：動作電玩速度很快，周邊的物體快速轉換，一下出現，一下消失。這些訓練讓眼睛吸收視覺資訊的速度和能力更強，幫助我們在更短的時間內，做出更好的決定。

或許有些父母看到這裏，會覺得做決定是大人的事，小孩子只要聽話就好，不必做什麼決定。這是一個錯誤的想法，因為不只是人，只要是生物都隨時在做決定。人類的嬰兒還不會用言語溝通時，就會使用哭聲或其他暗示，告訴照顧者他的決定是什麼。事實上，照顧嬰兒有許多時間是在猜測他到底要什麼。

一個小學生在一天的過程裏可能要做不計其數的決定，比如說他在學校考試時，每答一題，他就要先決定用什麼策略去做這一題，如果不知道怎麼下手，或許他會決定由選擇題的四個答案開始用消去法去找出正確解答。光一個題目，他就有做不完的決定。**而動作電玩就可以訓練我們做決定的能力。由這個角度來看，玩動作電玩可以幫助小孩的學業成績。**可能很少父母會這樣想，但這卻是有科學根據的。

紐約的一位心理醫師Edward Hallowell說得很好，他認為重點是動作電玩的速度（而不是遊戲的內容），在訓練我們快速做出正確決定的能力。他表示動作電玩其實很有用，只是名聲不好，而原因就是有些人沉溺在裏面，忽略了人生其他的責任。任何事情過猶不及，不是嗎？

父母的責任之一，就是幫助小孩從小訓練他們對工作的熱愛、責任感和自制力，這樣他們長大之後，才會有能力不沉溺在任何形式的事物上，這個世界不是只有電玩會使人迷戀其中，會沉湎於電玩的小孩將來更有可能著迷在其他的事上，只擔心到小孩電玩成癮，是掉入頭痛醫頭的陷阱。

第四，電玩遊戲增進你的注意力、察覺力，及認知力

許多父母可能會擔心小孩玩電玩，整天都在想著電玩遊戲，連聽課都沒法專心。非也，這種想法和科學研究的結果相牴觸。普林斯頓大學研究者Vikranth Bejianki在美國國家科學院期刊發表的一篇論文結論告訴我們，玩動作電玩遊戲可以增加注意力（attention）、察覺力（perception）和認知能力（cognition）。

Bejianki和他的研究夥伴做了兩個實驗，一個是對已經有玩動作遊戲經驗的人測驗，發現他們比一般不玩動作電玩的人，明顯的有更高的類型辨識（Pattern Recognition，或叫模

式識別）能力。另一個實驗是對沒玩過動作電玩的一組人做五十個小時的訓練，然後做測驗，發現同一組人訓練後的察覺力遠高於訓練前。

注意力、察覺力和認知力都是學習很重要的能力，要在學校學業表現好，這些能力是不可或缺的，所以動作電玩可以幫助小孩的學業表現，這又是另外一個益處。

第五，電玩遊戲可以增加手眼的協調力

美國德州大學Galveston醫學中心做了一個實驗，他們找了三組人，第一組是一群高二的學生，他們平日有每天玩二小時電玩遊戲的習慣；第二組是大學生，他們習於每天玩四小時的電玩；第三組是醫學院學生，他們沒有電玩的經驗。

實驗的內容是由這三組人分別操作機器手臂，進行虛擬手術，結果很意外的發現，高中生做得最好，大學生次之，醫學院的學生則是最後一名。為什麼？研究者認為那是因為電玩遊戲訓練了高中生和大學生手眼協調的能力。

為什麼大學生玩電玩的時間比高中生多，手眼協調的操作卻比不上高中生呢？雖然他們的表現差距很小，高中生還是略勝一籌，原因可能是每天玩二個小時的動作電玩訓練出來的協調度已經最大化，再多花時間練習的進步可能非常有限。

手眼協調很重要嗎？是的，我們每個人在生活上，無時無刻不需要使用到手眼協調，比如說刷牙、化妝、把開水倒到杯子裏、疊衣服、寫字、洗澡等，都需要手眼協調才能做好。手眼協調能力不佳的人，不只是在玩夾娃娃遊戲時夾不到娃娃而已，生活上每個活動都會很不順利。要如何訓練手眼協調呢？動作電玩遊戲是首選，球類運動也是一個很好的選擇。比如說棒球的投、接、打全部都要用到手眼合作，是一項很適合訓練手眼協調的活動。

第六，電玩遊戲訓練你的眼力

這又是一件和父母普遍的認知相反的結論。一般父母的看法是玩電玩會傷眼，損壞小孩的視力，但是科學研究告訴我們，玩動作電玩遊戲，可以增進視力的「反差敏感度」（Contrast Sensitivity）。簡單的說，反差敏感度強的人，可以在一片不容易分辨的低彩度畫面裏看到細節；反差敏感度差的人，看到的就只是灰灰的一片，看不出畫面中還有其他東西存在。

當然，視覺的老化會使我們的反差敏感度降低。但是即使是同樣年紀的人，眼睛的反差敏感度還是不同。對反差敏感的人，可以看到一般人看不到的、很細微的變化，而這種眼力是可以靠動作電玩來訓練的。關於這個題目，我在談到電腦的使用是否會影響小孩視力時，也有詳細的說明。

第七，電玩遊戲可以幫助你的社交

玩電玩的人，常被刻板印象歸類為一堆在地下室或網咖裏沉迷電玩，具反社會性人格，喜歡獨來獨往，不願意也不習慣和人來往的一群人。沒有比這種錯誤印象更遠離事實的事了。

美國北卡羅萊納州州立大學、加拿大約克大學，及安大略大學的研究人員，參加了許多美加各處的電玩聚會，這些聚會大大小小都有，有些是在酒吧的二十個人小聚，也有超過二千五百人參加的大型活動，他們由這些聚會裏找了四百個玩家做問卷調查。調查的研究結果發表在《電腦媒介溝通期刊》（The Journal of Computer-Mediated Communication）上，簡單的結論就是電玩玩家喜歡與人交往，他們屬於高度社交典型族群。

接下來我要談談電玩遊戲的療效功能，先由最簡單的講起。

第八，某些電玩遊戲具有運動身體的功能

這裏特別指的是如任天堂的Wii Sports、Wii Fit這類需要動到身體的電玩遊戲。學者測量十到十三歲的小孩玩這類遊戲時的心跳及其他身體反應指標，發現和小孩在跑步機上以每小時五點六公里走路時燃燒同樣的卡路里。也就是說，兩者具同等的運動功效。

第九，電玩遊戲可以幫助延緩老化

老化不是老人的專利，每個人由出生後，就進入老化的過程。要防止老化，多數人想到的是訓練身體。事實上，訓練腦力和訓練身體對防止老化一樣重要。而訓練腦力的方式，一般上了年紀的人常做的是打麻將，下棋之類的活動。他們不知道的是，腦力訓練要有作用，最要緊的一個條件是要具困難度，要有挑戰性。

打麻將只能算是社交和娛樂活動，對於延遲大腦老化，可以說沒有什麼用。要活化大腦，延緩老化，最有效的方式之一，就是玩電玩遊戲。愛俄華大學（University of Iowa）教授Fredric Wolinsky和他的團隊找了六百八十一位超過五十歲的人，施以十個小時的電玩訓練，得到驚人的發現：**十個小時的電玩訓練，讓受測者延緩一點五到六點五年的大腦老化速**

度。不僅如此，Wolinsky在一年後又對同一批人做進一步的測驗，發現他們還保有至少領先三年的大腦認知能力，也就是說電玩訓練使大腦年輕化的結果是長久的，而不只是曇花一現，這是非常令人振奮的結論。

不管是特別為老人設計的電玩遊戲（如Road Tour）或者是快速的第一人射擊遊戲（First Person Shooter），如Counter-Strike: Global Offensive（CS: GO）或World of Warcraft，只要是複雜的、需要用大腦思考的，讓玩家感到時間或對腦力有壓力的遊戲，都可以有效延遲大腦老化，達到返老回春的效果。

第十，電玩遊戲加強你多工的能力

多工（Multitask）意思是同時做好幾件事。多工不是一件好事，因為它使我們花在某一件事的時間減少，分散腦力的結果，好幾件事同時一起做，也同時沒做好，還不如專注做好一件事，再做下一件事。現在的年輕人特別會多工，可以一面念書，一面在臉書上和朋友打招呼，還一面傳簡訊，這對於工作效率及生產力是一個糟糕的習慣，我認為這是許多小孩子和年輕人必須改過的壞習慣。

但是，這世界是複雜的，有許多事情是矛盾和衝突的。多工就是一個例子，我說過多工是不好的，但是在很多情況下，多工卻是必須的。急診室的醫師和護士在搶救人命時，無可避免的必須要同時思考並操作好幾件事；麥當勞或星巴克的服務人員在人多的時候，也都要同時服務好幾位顧客；還有，任何公司都有緊急事故要處理，有許多CEO都提到，每天在辦公室就像救火隊一樣，剛撲滅了這邊的火，另外好幾處的火又來了，甚至好幾年內每天都這樣過。

所以有時候多工是必要之惡，既然是必要的，那不如訓練好多工的能力。多工能力不強的人，遇到同時要處理好幾件事情時，容易緊張出錯，壓力來時，甚至腦中一片空白，完全沒辦法處理事情。換成一個多工能力足的人，可能很快的編派工作，分工負責，迅速的就把好幾件事一起搞定。因此多工能力是有實際需要的，而這種能力是可以訓練的，電玩就是訓練多工最合適的工具。

研究者Chiappi和他的夥伴研究發現，只要五十個小時的電玩訓練就可以提高一個叫做Multi-Attribute Task Battery（多屬性任務測驗）的成績。這是一個測驗飛機駕駛員多工能力的考試，它包括使用電玩搖桿控制飛機的方位，一面要觀察油量，處理儀表板上各種警示燈號，同時還要和塔台連絡，還得指揮機組人員；在這個多工的環境內，經常玩電玩的人處理起來就比較家常便飯，因為他們在遊戲裏碰多了這種情況，經驗豐富，當然能應付裕如。

第十一，電玩遊戲增強你策略規劃和解決問題的能力

這是再清楚不過的一點，電玩的基本精神，就是一關一關的挑戰。要征服挑戰，就要一個一個的解決紛至沓來的問題，而要解決問題，就要做好策略規劃（Strategic Planning）。所謂策略（strategies）就是解決問題的方案，玩遊戲的人要發揮創造力想出對付問題的策略，規劃安排好策略去解出問題，贏得挑戰，這就是電玩遊戲的方式。

Prince of Persia是個策略遊戲，在這個遊戲裏，你必須要找到出口才能活命，所以你必須要找到通往出口的路，用跳的、爬的、吊的方式，征服許多阻礙你的難關，最後才有可能到達出口，贏得挑戰。另外，Civilization，Legend of Zelda和Bakugan: Defenders of the Core都是小孩子很喜歡的策略遊戲。電玩遊戲在訓練運用策略，解決問題這方面，是非常自然且具極大威力的工具。

第十二，電玩遊戲可以培養親子關係

電玩可以培養一種特殊的親子關係，怎麼說呢？我們平常認知親子關係就是父母親扮演父母的角色，子女則是被指揮或被啟發的對象；但是電玩遊戲裏，很多時候小孩子是專家，反而可以來指導對電玩比較沒有那麼在行的父母。親子角色倒過來，讓父母和子女都有一種新鮮感，父母也可以在這樣的環境和氣氛下，體會一下當被教導者的角色，這樣絕對會擴大並且加深親子關係的面向（dimensions）。

適合親子玩的遊戲很多，尤其是在小孩還小的階段，他們玩的遊戲不會太複雜，不懂遊戲的父母這個時候加入，可以一路上和孩子玩下來。依孩子的年齡不同，在這個階段可以玩的遊戲有：Minecraft、Angry Birds、Cut the Rope、DOTS、Where's Waldo?等。

如果小孩子已經到青春期，父母從來沒有加入遊戲的戰場中，這個時候加進去玩，有一點困難，也有一點尷尬。但是我認為，尤其是在這種狀況，父母加進去和小孩一起玩遊戲，反而益發重要。我最常聽到家長說，「小孩子進入青春期，非常叛逆」這類的說法，如果你改變整天唸他的角色，跳進去和他一起玩他的遊戲，我保證你會看到一個熱心又熱情的老師。你可以和他合作，在同一隊，也可以是他的對手；無論你在遊戲裏是他的朋友還是敵人，你會更了解你孩子的世界。

你這樣做，他也會感受到你的用心，在親子關係最困難的青春期階段，沒有比電玩遊戲更好的潤滑劑了，就看父母們有沒有這樣的智慧了。在孩子青春期這個階段，可以玩的遊戲有：Star Wars、No Man's Sky、Clash of Clans、The Legend of Zelda、Super Mario等。

第十三，電玩遊戲可以培養你的領導力，並且學會如何與人合作

電玩遊戲分三種：一種是個人玩的遊戲，另一種是團隊合作的遊戲，另一種是個人或多人模式皆可的遊戲。

人是群性、社交的動物，所以多人一起玩的遊戲是最受歡迎的，玩家可以找自己的朋友組成一隊，和別人的團隊對抗，也可以以個人身分，加入其他人的行列去玩。

說到這裏，必須要談到家長一定會擔心的問題，那就是在網上認識陌生人的問題。和在實際生活一樣，這個社會存在各式各樣的人，陌生人有非常好心、親切的人，也有包藏壞心眼的大壞人。父母能做的，就是把自己的小孩教好，讓他們有足夠的智慧和訓練去應付人與人——包括與陌生人——之間的關係，小的時候保護好，但是慢慢長大後，就要逐漸鬆綁，培養他們自主獨立的能力，這包括處理實際生活和網上虛擬世界的人際關係。一味的禁止和保護只會養成他們遇事迴避和退縮的個性，那是很不健康的。

所以只要小孩夠大，個性夠成熟，父母可以和小孩一起制定一套標準程序（SOP），什麼事可以做，什麼事不能做，有一定的規矩可以遵循，這樣就可以讓他參加網上合作的遊戲，讓他去養成和別人合作的習慣。在他們未來要面對的實際生活裏，與人合作的素養將是職涯生活裏最重要的一項本領，未來世界裏已經沒有一人定乾坤這種事，與各式各樣的人合作，將是公司聘僱人才最關心的能力。

懂電玩遊戲的人都知道，電玩裏的團隊合作是非常緊密而深入的，大家有一個重要且立即的目標要達成，每一個人都需要完成被賦予的任務，甚至要為了達成團隊的目的，可以無私的犧牲自己，這在電玩裏是很常見的。舉幾個團隊合作的遊戲：Portal 2，Rocket League、Counter-Strike: Global Offensive（CS: GO）、League of Legends、Dota 2。

這裏舉一個有趣的例子：有一個遊戲叫做Keep Talking and Nobody Explodes，畫面上是一個隨時要被引爆的爆炸裝置，你的任務就是要解除這個裝置，讓炸彈不要爆炸，但是你完全不知道怎麼做，怎麼辦呢？答案是找人幫忙。另一個在遠端的人可以取得解除裝置的手冊，他必須要一面看手冊上的指引，一步步告訴你要怎麼做。他看不到這個爆炸物，只能看到他的手冊；你看不到手冊，只能看著爆炸裝置；你們兩個僅能以口頭溝通的方式互相讓對方了解狀況。如果在這麼緊張、性命交關的情況下，你都可以領導別人，和陌生人合作了，試想在實際生活裏，是不是有更多人願意或者是爭著和你合作呢？

另外，玩這個遊戲——以及許多的電玩遊戲——還可以訓練口語溝通，特別是在互相看不見的狀況下溝通，這又是電玩遊戲的另一個益處。

第十四，電玩遊戲提供特殊的學習機會

許多學生在學校學習的問題是缺乏動機，覺得無聊，提不起興致。這類的小孩通常不是乖乖牌，比較有自己的想法，不是父母老師說了就二話不說照做的典型。他們通常也比較聰明，但在學業成績不佳的情況，常被老師歸為頑皮搗蛋的「壞學生」，有些甚至被學校批為「頑劣不堪」的人物，成了連父母、自己都放棄的人物。

如果你自己的小孩是如此或是你知道有這樣的小孩，千萬不要放棄，因為他們是失敗和愚蠢的教育制度下的犧牲者，這一批人將來應該是我們社會上的領袖才對，帶領社會迎接未來挑戰的不會是從小循規蹈矩，不會挑戰權威，沒有特殊想法、缺乏創造力和瘋狂夢想，不願跳出舒適圈外，一路一帆風順，不知道失敗是何物的所謂「資優生」。

我不是說小孩不能資優，我是在說一般家長和學校，以及社會普遍對資優的看法，是非常的偏隘、扭曲和謬誤的。這樣導致我們選出的許多資優生，其實是非常平庸的「假資優」，選才錯誤的結果，造成社會各階層缺乏有魄力的領導人，整個社會國家停滯不前。長久下來和其他國家的進步相較之下，無法遮掩地暴露出嚴重的落後和失敗。

我想說的是，不要放掉不適應教育系統的小孩，他們多半是對枯燥無趣的學習法感到厭煩的孩子。電玩遊戲可以重新點燃他們對學習的熱情，比如說Civilization、Age of Empires和Age of Mythology等遊戲可以教他們世界歷史、古代文化、地理等等他們在學校不想學的科目。小孩可以在這些遊戲裏創造自己的王國、自己的疆域和地圖，可以和其他小孩交換他創造的內容，你可以想像他學習的情緒會有多高昂。

另外，Assassin's Creed Unity 是學習歷史非常棒的遊戲，創造這個遊戲系列的公司叫Ubisoft，他們非常重視這套遊戲的教育功能，比如說他們由資深的遊戲藝術家和歷史學者合作，花了二整年的時間在遊戲裏造出和實際建築一模一樣的法國巴黎聖母院（Notre-Dame Cathedral），就可以看出他們的用心和企圖心。

還有，有許多製作嚴謹的遊戲在教小孩學數學。Dragonbox Algebra讓小孩一面玩遊戲，一面不知不覺的把代數學了起來。另外，在網上還有許多大大小小的遊戲在教各種程度、各種學科。當然遊戲的品質優劣不一，家長和學校新的責任之一，就是幫忙小孩學會如何在網上尋找和過濾資訊，找到品質好、可信賴、資訊正確的學習材料。我的意思並不是要家長和父母幫小孩子找好資料，然後提供給他們；我的意思是要教會小孩這樣的技能。

第十五，電玩遊戲增強你的視覺及空間認知能力

羅徹斯特大學的研究者Daphne Bavelier和C. Shawn Green發表在《自然》（Nature）科學期刊論文的結論是，玩電玩遊戲的人（Gamers）比起不玩電玩的人（Non-Gamers），追蹤動態物體的數量多了百分之三十，速度也快了百分之三十，也就是說，電玩玩家的視覺及空間認知能力（Visual & Spatial Ability）和非玩家有這麼大的差距。

我們知道**視覺及空間能力是新型智商測驗裏重要的一部分，它是預測孩子未來成功與否一個有力的指標**。空間的能力不只在許多專業——建築師、科學家、工程師、外科醫師、太空人、藝術家、運動員、視覺設計師、服裝設計師、各種交通工具駕駛人——以及任何與科技有關的行業都非常重要，在我們生活的各個層面，都需要這樣的能力。

每一個人的視覺與空間能力都不相同，下一次你聽到老人家在抱怨牙醫做的假牙或牙套怎麼不完全貼合時，那很有可能是牙醫的空間能力不足的關係。

訓練空間能力的方式很多，EDUx學校的課程裏就有專業的方式練習這方面的能力。像是Minecraft內的小遊戲（Minigames）、Fight Simulator X、Battlefeld、Portal 2等都是可以增強空間能力的遊戲。

第十六，電玩遊戲讓你學會怎麼冒險

紐約的Quest to Learn，是以電玩遊戲啟發的學習法為主的學校，其重點之一就是電玩讓我們失敗後可以重新來過，失敗的代價不高，所以電玩玩家都會要冒險。當然不是無謂犧牲式的冒險，而是經過思考和計畫之下的冒險。冒險讓我們取得最大的成功，這個觀念我在談到失敗和冒險時已經說得很清楚。問題是，在傳統學校的環境，失敗的代價很高，因此一般學校是不鼓勵冒險的。

在遊戲的世界裏，冒險是受到鼓勵的，因此玩遊戲的人有機會嘗試各種的可能性，這在真實的世界裏是不可能的。可是就是因為不能冒失敗的風險，結果造成在我們社會上到處是不適任、不快樂的人。員工不喜歡，但還是待在某個工作上；應該去當藝術家的人，因為不能冒險，結果在當不快樂的醫生；應該當一流醫生的人，在當平庸律師；應該當一流律師的人，結果在當三流推銷員。

太多的例子都是不願冒險的結果。如果有玩過遊戲，體認到冒險的重要性，或許可以改變許多人的想法和作法。想想看，人類有的任何成就——太空探險、偉大的建築、雄偉的工程、驚人的計畫——都是因為一部分人有偉大的魄力，冒巨大的風險才有可能達到。

或許你會覺得談大成就，對你來說太遙遠，你只希望自己（或子女）一輩子過得安全而平順。問題是，人生基本上是在風浪中度過的，平順和安全是留給願意去冒險的人才能得到的獎賞。不願冒險，這世界就只剩一灘死水。不願、不懂冒險的人，就是那一灘死水，那人生還剩下什麼呢？冒險，是電玩教我們的其中一件事。

第十七，電玩遊戲教你堅持不放棄

一般人的觀念以為電玩好玩，所以令小孩沉溺。但是每個電玩玩家都會告訴你，電玩遊戲並不好玩，很多時候它很困難，你會遭到無數的失敗和挫折，有許多的難關要克服。多數時候玩遊戲的人並不知道怎麼去克服困難，但是他卻不放棄，因為他在遊戲裏學會只要一試再試，再大的挑戰、再難的關卡，總是會突破。也就是說，他堅信只要他持續奮戰，總會找到出口。這不是我們都希望小孩學會的大道理嗎？遊戲早就教會了他這個。

第十八，電玩遊戲可以幫助治療憂鬱症

紐西蘭的研究人員把一百六十八位平均年齡十五歲的憂鬱症患者 分成二組，一組給予一般的心理治療，另一組則讓他們玩一個叫做SPARX的電玩遊戲。SPARX的目的是在一個有趣的電玩中，把平常枯燥無趣的治療步驟灌輸給患者。結果研究者發現，在SPARX這組的患者中，有百分之四十四的青少年的憂鬱症完全治癒，對照組則只有百分之二十六的青少年的憂鬱症治療成功。意思是，電玩治療憂鬱症的效果超過傳統的治療法。

第十九，電玩遊戲增進失讀症（Dyslexia）小孩的閱讀能力

大約有百分之十的小孩有閱讀能力障礙。一組義大利的研究人員把一群七至十三歲有閱讀困難的小孩分成兩組，一組讓他們玩一個叫做Rayman Raving Rabbids的動作電玩遊戲，另一組則讓他們玩靜態的遊戲。八十分鐘之後，研究人員測驗他們的閱讀能力，發現玩動作電玩的同學其閱讀速度和了解程度都比另一組小孩強，不只如此，他們能集中注意

力的時間也比較長。

電玩對增進一般人的閱讀能力也有幫助，學者認為這可能和電玩要求玩家在時間壓力下必須限時讀完某些指令有關。也就是說，在壓力下，電玩增加了玩家的閱讀能力。另外，雖無正式的研究支持，但玩電玩（此處指英文版電玩）需大量的閱讀，相信能大幅增進非以英語為母語玩家的英語能力。

第二十，電玩遊戲幫助病人止痛

美國疼痛學會（American Pain Society）在其年度科學會議中，有學者提出電玩遊戲，特別是虛擬實境（Virtual Reality）遊戲可以幫助小孩及成人的病人止痛，對長期的慢性疼痛症狀更是特別有效。除此之外，電玩遊戲同時具降低焦慮（anxiety）之功效。

研究者報告，電玩遊戲的治療下，癌症病人化療的疼痛及恐懼，在證實可以大幅降低。燙傷及燒傷的疼痛，經過遊戲治療，可降低百分之三十至五十的疼痛感。

為什麼電玩有這種療效？一個合理的解釋是電玩帶來的各種感官刺激讓病人分散原來專注在疼痛上的注意力，同時大腦在玩電玩時會釋放出一種叫做腦內啡（Endorphins）的物質，那是一種讓人感到愉悅的化學物質，它同時具有類似麻醉（numb）疼痛——也就是止痛——的效果。更深入的來說，能令患者全神貫注，投注所有感官的虛擬實境電玩遊戲在大腦產生一種稱為「內源性調節效應」（Endogenous Modulatory Effect）的反應，引起大腦內的皮質層（如Anterior Cingulate Cortex，前扣帶迴皮質，簡稱ACC）及下皮質層（如杏仁核〔Amygdala〕、下視丘〔Hypothalamus〕）一連串的連鎖反應。

我們知道這些大腦區域掌管注意力、注意力的分散（distraction）及情緒反應，研究者能在實驗室的控制環境下，利用讓病人玩虛擬實境電玩的方式，做到像燈的開關一樣，將疼痛「打開」（on）與「關閉」（off）。當然，研究還在繼續進行中，如果有一天電玩遊戲能完全取代止痛藥，避免掉止痛藥帶來的副作用及成癮問題，那將是疼痛患者的一大福音。

第二十一，電玩可以幫助中風病人復健

中風之後的復健工作——不管是語言能力或身體運動機能的恢復——是一條漫長而且辛苦的道路，電玩遊戲能幫助中風後的復健，對病人及照顧病人的人，都是一件大事。

以色列的Tel Aviv大學的職能治療醫師Debbie Rand把四十個中風病人分成兩組，第一組給予傳統的復健治療，另一組則讓他們玩Xbox 360、PlayStation 3，及任天堂的Wii電玩遊戲。Rand發現的結果是兩組療法對病人手的抓力都有相同的改善，但是只有第二組（電玩組）的手臂力量持續改善。

Rand解釋，那是因為電玩復健組的病人在同一個時間內擺動手臂的次數多了兩倍，因為他們的復健是具目標導向（goal-oriented）的。意思是說玩電玩手臂擺動是因為玩遊戲的需求，是一個有目的性的動作。相對於單調的復健療程，自然有趣多了。Rand的研究數據顯示，有百分之九十二的復健病人覺得電玩復健極端的（extremely）或非常的（very much）好玩。既然好玩，持續做的動力就會很強，這是電玩復健的一大強處。

我因為父親失智症的關係，經常去到各處大大小小的復健中心，從沒有見過有任何一家採用電玩治療，也沒見過任何的電玩設備。一套完整的電玩系統要不了多少錢，我相信比起許多復健專業的器械要便宜的多，電玩復健最昂貴的是電玩遊戲本身，也就是電玩的軟體，微軟、Sony、任天堂都已經幫我們準備好了。

要造福復健的病患，復健中心只要和研究單位合作，引進一套電玩設備，是一個小小的投資，政府和民間卻無人在做，初想令人百思不解。這又是一個觀念及知識落後，造成實質落後的例子；和我們的教育、經濟、環境保護等等社會問題發生的根由，其實沒什麼兩樣，也沒什麼奇怪的。

不過，和所有的事情一樣，政府不做，別人不做，你自己可以做。如果家中有病人或老人，趕快買電玩遊戲給他們玩，你可以輕易的減輕他們的疼痛和延緩老人老化及生病的機率，這是多麼划算的投資。如果家中長者住在養老中心，或會到日照中心活動，請立刻建議那些單位採購電玩遊戲。就算不相信電玩遊戲具有療效，如果能夠讓長輩感受到玩電玩的快樂，那不就已經值回票價了嗎？

第二十二，電玩遊戲增進夫妻關係。

丹佛大學（University of Denver）的心理學家，同時也是丹佛大學婚姻及家庭研究中心主任Howard Marksman，自一九九六年開始長期追蹤三百零六對夫妻，他想要了解什麼原因讓有些夫妻關係好或不好。

Marksman說普遍來說，男人玩電玩遊戲，不是自己玩，就是和其他男性朋友玩，通常不會和配偶或女朋友玩。他的研究還在繼續進行中，但是已經能做出的結論卻和我們平常在做的事情大不相同。

他說，夫妻投資在共同的活動和嗜好的時間愈多，他們的關係就愈好。Marksman常舉辦夫妻度假活動（retreat），他說類似看電視或上網等個人活動對增進夫妻關係沒有任何助益。

Marksman自己另外從一九九〇年代開始，做了一項他個人的調查，他發現在有職業棒球隊的城市，其離婚率比沒有職棒球隊的城市要低百分之二十八。這個數據是一項事實，至於原因是什麼，Marksman解釋說可能是棒球比賽提供了一個夫妻共同的嗜好，這個共同的娛樂增進了他們的關係。當然他並沒有科學實證，這只是他個人猜測的原因。

事實上，先生覺得有趣的事，太太不見得有興趣，性別差距（Gender Differences）是在談夫妻關係時的重點之一。有一項調查隨機問了九百零八位已婚人士（這些受訪者結婚在十一到十九年之間）一個問題：你和你的配偶上一次約會是多久以前的事？

女性回答平均是十七點八週之前，男性回答平均為九週，只有女性的一半。研究者認為，那是因為男性和女性對「約會」的定義不同。對太太來說，約會是要事先計畫，先生必須要花時間去規劃；對先生來說，和太太去喝杯咖啡就是約會了。難怪先生覺得經常與太太約會，太太的看法卻完全不同。

所以，考慮到性別差距的原則，找到夫妻兩人都喜愛的活動，就可以大幅增進夫妻關係。電玩遊戲適合男性及女性，只要找到合適的遊戲，在彼此能力差距不大的範圍內，是有趣又好玩的活動，絕對能增進夫妻的關係。

我相信，多數的夫妻都沒試過這一點，為什麼不試試看呢？門檻並不如想像中的高，如果這方面，你的小孩懂得更多，那可以變成是一個全家的活動，豈不更有趣？

遊戲是一帖人生靈丹

全球每天有十二點三億人平均玩一個小時的電玩遊戲，這是一件好事。但是再仔細看下去，這些玩遊戲的人每天花了五億分鐘在玩類似Candy Crush或Bejeweled這類電玩，這是令人擔憂的數據。難道沒有好一點的遊戲可以玩嗎？像我前面提到的許多遊戲，它們有那麼多的好處，讓玩遊戲的人快樂，愈玩愈聰明，反應愈靈敏，創造力愈強，愈友好，愈大方；玩得愈多，愈能解決問題。

不止如此，好的遊戲還具有忘憂、止痛、增進親子和夫妻關係的功效，說遊戲是一帖人生的靈丹，真是一點都不為過。可惜的是，電玩遊戲同時也遭到不懂裝懂、似懂非懂的人、衛道的人、愚昧無知卻佔高位的人，批評得體無完膚、全面打壓和汙名化的對象。這些人多半不玩電玩遊戲，不知道電玩遊戲是何物，但是因為他們是權威人士，發表出來的言論也被尊為權威，這是一種很吊詭卻正在發生的事。

當然，這不能完全歸罪於這些人的不懂，有太多的惡質遊戲（如電視上晚上看到的那些賣弄女性胴體的劣質遊戲），充斥在我們的生活裏，以致不懂的人以為這就是電玩遊戲的全貌，也是一個很大的因素。

如果你是年輕人或是為人父母者，請為自己找一些好品質的遊戲來玩，這個經驗可以增加你的智慧，豐富你的人生。

在捷運或大眾運輸系統上常看到特別是女性常玩的類似Candy Crush或Bejeweled這類遊戲，只是單純殺時間的工具，沒有多大助益。如果你是為人父母者，請仔細看看我提出的電玩遊戲的益處，不要再全面禁止小孩玩電玩，而是要投入你的時間和精力，幫助他找到有益的電玩，以好的電玩排擠掉壞的遊戲，讓電玩遊戲的威力，灌注到你的孩子的大腦去。

最後，如果你還不相信我的話，我想請你花點時間讀讀以下六本書，你就會相信我所言不虛[註1]：

1.《開機：電視，電腦，電玩佔據生命，怎麼辦？》（*Everything Bad is Good for You*），Steven Johnson著。

2.《遊戲改變世界，讓世界更美好！》（*Reality Is Broken: Why Games Make Us Better and How They Can Change the World*），Jane McGonigal著。（有興趣的話，她還有一本新書*SuperBetter: A Revolutionary Approach to Getting Stronger, Happier, Braver and More Resilient--Powered by the Science of Games*，也可以一併讀。）

3. *What Video Games Have to Teach Us About Learning and Literacy*，James Paul Gee 著

4. *Extra Lives: Why Video Games Matter*，Tom Bissell著。

5. *The Game Believes in You: How Digital Play Can Make Our Kids Smarter*，Greg Toppo著。

6. *Don't Bother Me Mom-I'm Learning*，Marc Prensky著。

註1　編按：若有列出中文書名，則表示有中文版，未列出者表示目前尚無中譯本。

電玩遊戲隱教於不教

學校老師會用卡片、骰子、摺紙、紙和筆，甚至桌遊等等近似遊戲的方式來教學生，電玩遊戲不過是這些老方法在數位時代的變身罷了。所不同者，只在於電玩遊戲做為一個學習工具，它的威力猶如舊方法插了翅膀一樣。**電玩不只是一個強大的學習工具，電玩設計（Game Design）的原則可以運用在企業的運作、產品或教材的設計，更可以運用在人際關係，甚至用在教養子女上。**

遊戲設計師在設計遊戲時，要提供動機給玩家，這個動機就是玩遊戲得到的成就感，可能是拯救地球，或者是打敗壞人，復仇雪恥的快感。這些作法和元素當然可以運用在例如產品的設計上，舉例來說，Slack和Snapchat這兩個熱門的通訊軟體裏面，就有許多由電玩遊戲借來的設計，讓他們的產品和其他競爭對手的產品相比，就是多了一點趣味，常常就是這些小地方貼心及出人意表的設計讓他們的產品勝出。

再舉個例子，你知道在遊戲裏面，設計者如何教會玩家遊戲的規則？這有許多種方法，遊戲規則可以寫得像產品使用手冊一樣，也可以寫得像教科書一樣，但是使用手冊和教科書都是沒有人要看的東西，聰明的遊戲設計者不會做那樣的事，否則就沒有人要玩遊戲了。

設計師讓玩家一面玩，一面摸清楚遊戲規則，這叫做「在不教中教」（Teach Without Teaching），這才是最高明的教法。遊戲設計師可能把寶藏放在某些特定的地方，讓玩家要花點力氣去找，但又不會真找不到。玩家循序漸進之後，就可以晉級（Level Up），遊戲漸漸變得困難，但只要是一層一層晉級上來的人，就會有辦法搞定它。

這種寓教於不教，隱學於不學的招數，有太多教育者可以參考的地方；不僅如此，父母能懂得遊戲設計的原則，教養子女就可以像遊戲設計師用遊戲來掌控玩家般，把小孩的教養提昇到一個比較高的層次。這樣就不會像老牛推車一樣，覺得推不動孩子去做他該做的事。

同樣的思維也可以用在人際關係上，在交友上應用遊戲設計的技巧可以讓自己成為受歡迎的人物。另外，遊戲是一種國際語言，也就是說它是一種全球共通的語言，運用遊戲原則設計出來的產品，或者用遊戲為本的學習（Game-based Learning）培養出來的人，都會被全世界所接受。

這就是為什麼EDUx學校把遊戲設計當成一個重點科目來教的原因，我們認為EDUx的學生必須是真正具有世界觀的國際人，所以一定要學遊戲設計，把通行全球的遊戲精神灌注到所做的每一件事情上。EDUx的遊戲設計是和設計思考（Design Thinking）、創造力學習（Creativity）、解決問題（Problem Solving）、批判式思考（Critical Thinking）等並排放一起的核心科目。

我常會設計一些簡單的問題來問我在生活上各種場合碰到的人。有一次我問到一位四十來歲、近五十歲的麵包店女老闆。她有兩個小孩，一男一女，女孩十六歲，讀高一，男孩十四歲，讀國二。我問她會不會讓小孩玩電玩遊戲，她想了很久，大概有點訝異我問這個問題的動機，在思考應該怎麼回答我才得體。我不想影響她的回答，所以沒有多做說明。「要控制時間，」她終於找到她的答案。「那如果不讓他玩好不好？」我又補了一句。這下她又想了一陣子，最後有點猶豫地回答我，「如果能不玩最好了。」

她的回答顯示她不是高壓統治型的家長，所以聽起來有一點商量的空間，但基本上對電玩遊戲持的還是負面看法，能不碰最好就不要碰。我隨機問過一些家長同樣的題目，當然這不是正式的問卷調查，所以結論並不能作準。但據我非正式的統計，至少百分之八十以上的家長不是完全禁止小孩玩電玩遊戲，就是頂多皺著眉頭讓小孩花一點時間玩一下。

這位老闆娘的反應可以說是典型的態度，從這個簡單的調查可以看到大部分人對電玩遊戲是什麼，它究竟有什麼重要性，是完全沒有概念的。

這是一件很可惜的事，因為當你讀完整篇文章之後，我相信你會同意電玩遊戲真的是一項威力強大的學習工具，它有許許多多的益處，不去利用它，就好像把一顆鑽石當普通的玻璃碎片丟到垃圾桶一樣，這是十分不智的。

虛幻世界與真實世界、暴力電玩

美國心理協會（American Psychological Association，簡稱APA），是一個由心理專業從事人員組成的職業團體，它在二〇一五年八月發表了一份四十九頁的報告，說明APA對暴力電玩遊戲的態度。APA認為暴力電玩導致具侵略性的態度或行為，但是並無證據顯示暴力電玩造成實際的暴力犯罪。

APA的報告一出來，娛樂軟體協會（Entertainment Software Association，簡稱ESA）馬上發表聲明，譴責APA的報告，認為他們長久以來的偏見，汙名化電玩遊戲，造成大家對暴力電玩的誤解。ESA提出高等法院在二〇一一年的一個判例（Brown v. EMA），該判例認定加州法院對販售暴力電玩給未成年者判決有罪是違憲的，ESA引用高等法院的判決書指出，心理研究並未證明暴力電玩導致未成年者侵略性的行為。

Matthew Grizzard領導的水牛城大學（University of Buffalo）研究團隊在二〇一四年發表的一篇有關暴力電玩遊戲的研究報告說，「在虛擬世界裏的暴力使玩家產生符合社會道德的行為。」Grizzard進一步解釋說，電玩遊戲裏的暴力，使得玩家對暴力行為更敏感，在現實生活裏反而會更注意在行為上會去符合社會的道德規範。

聯合國毒品與犯罪辦公室（United Nations Office on Drugs and Crime，簡稱UNODC）在二〇一二年發表了一篇報告，列出全球每人平均消費電玩最高的十個國家以及這十個國家槍枝犯罪率的比較，他們發現電玩銷售量與槍枝有關的暴力犯罪並無統計上的相關性。

事實上，由報告統計圖可以看出，消費電玩最高的幾個國家，依序包括荷蘭（第一名）、南韓、法國、英國、加拿大、澳大利亞、日本、德國、中國，槍枝相關的犯罪比率都低於每十萬人不到零點五人。只有一個例外，就是電玩遊戲消費佔全球十大國之一的美國，槍枝犯罪比率獨佔鰲頭，達到每十萬人超過三人，也就是其他國家的六倍以上。

這與美國人擁槍的比率遠高於其他國家顯然脫不了關係。UNODC跨國報告的結論很清楚：電玩遊戲與槍枝暴力犯罪並無相關性。事實上，電玩遊戲消費高的幾個國家同時也是全球最安全國家。這有可能是因為這些國家都是富裕穩定的已開發國家，和電玩的消費並無關聯。

美國法務部公布的數字，也呼應了UNODC的報告結論，在一九九四年到二〇一〇年的十六年間，青少年犯罪率下降了一半。如果電玩和暴力有關，那暴力犯罪應該隨電玩消費增加而上升，為什麼反而下降？

德州Baylor大學的Scott Cunningham、德國歐洲經濟研究中心的Benjamin Engelstätte及德州大學阿靈頓分校的Michael R. Ward在二〇一一年共同發表了一個報告，分析從二〇〇四年到二〇〇八年間，暴力電玩的銷售量年年上升，而包括暴力犯罪在內的各種犯罪案件卻年年下降。學者分析，數據顯示的結果說明了有暴力傾向的人會受到暴力遊戲吸引，他們玩愈多的暴力遊戲，就愈沒時間去從事現實世界裏的暴力犯罪。

所以，各種數字、統計、研究很清楚的呈現一個事實：指暴力犯罪與玩暴力電玩遊戲有關，根本是指鹿為馬，搞錯對象。Greg Toppo在他的書《遊戲相信你》（*Games Believe in*

You）裏說得好：當我們擔心暴力遊戲會把小孩變成殺人兇手，我們不就是那個分不清楚遊戲裏的虛幻（Fantasy）世界與真實世界的人嗎？小孩子可是分得很清楚的。

「電玩遊戲是不好的？他們也說搖滾（Rock-N-Roll）是不好的。」設計了任天堂風行全球的Mario以及Donkey Kong系列遊戲的遊戲設計師宮本茂（Shigeru Miyamoto）這麼說。

CHAPTER 11 拿C的學生未來會主宰世界

小布希總統二〇一五年在南美以美大學（Southern Methodist University）對畢業生說，「對你們當中那些高分的、得獎的畢業生，我說：做得很好；對那些成績拿C的學生，我說：你也可以當總統。」他是在揶揄自己以前在大學和研究所的爛成績，來鼓勵成績不好的學生，將來的前途也可以很不錯。事實上，拿C的學生可能不太需要他的鼓勵，因為統計數字不會說謊，許許多多社會各階層的領袖，多數在校時根本不是規行矩步，成績斐然的好學生。

舉例來說，美國總統裏有許多人在校成績並不好，甘迺迪、詹森、老布希，和歐巴馬的副總統Joe Biden都是。美國第一任總統喬治・華盛頓只讀到小學畢業。

再舉一個例子：維珍航空（Virgin Airline）的創辦人Richard Branson，他擁有五十億美元的資產，可是他自小有閱讀障礙（Dyslexia），到八歲還不能閱讀，連簡單的數字都弄不清楚。他需要克服的障礙，完全超出學業成績不佳的範圍。但是他做到了，那是因為他具有其他更重要的成功特質，那才是我們要學習、要追尋的東西。

C級學生和退學生，成功名單一長串

每個人都知道賈伯斯是誰，他創辦了可以說是全球最知名的電腦公司，但是多數人說不出他念那所大學，有沒有畢業。他念的大學叫Reed College，他還沒念完就和另外一個Steve跑去創辦了蘋果電腦。

另外，比爾蓋茲、Mark Zuckerberg、Google的兩位創辦人、Yahoo的兩位創辦人，還有許多的矽谷知名新創公司，創辦人都是連一刻也不能等，選擇離開學校，自創事業。他們這一群人叫Dropouts（退學者）。

退學者的名單非常的長。知名的連鎖生鮮超市Whole Foods的創辦人John Mackey由大學退學去創業；《魔戒》（Lord of the Ring）知名大導演Peter Jackson從小就夢想拍電影，十六歲的時候，他離開學校，到一家晚報上班。兩年後，他存錢買了一部十六厘米的攝影機，展開了他的電影拍攝生涯。

本田汽車的創辦人本田宗一郎（Soichiro Honda）十五歲時離開家鄉到東京一家修車廠當學徒，六年後回家，開了自己的修車廠，他再也沒有回去學校。一九五四年加入後，把麥當勞經營成國際速食連鎖巨人Ray Kroc，在第一次世界大戰他十五歲時，謊報年齡，去紅十字會開救護車。

再來看看歷史人物，洛克斐勒（John D. Rockefeller）上了克里夫蘭免費高中，然後在社區學院修了十個星期的簿記，這就是他所有的教育。福特汽車創辦人亨利・福特上學到十五歲就停了，他討厭上學，學校成績很差，拼字和閱讀都不行，只能寫簡單的句子溝通。

最偉大的發明家愛迪生從小沒有上學，在家由媽媽教他，後來也上過公立學校，但出席率差，而且不專心，有讀寫和說話困難。他小時候染上猩紅熱，併發中耳炎，所以造成耳聾。

畫家梵谷（Vincent Van Gogh）只上到中學，而且他在學校非常不快樂。文豪莎士比亞的學校教育也非常有限；諾貝爾文學獎得主福克納（William Faulkner）高中重修了一年，最後也沒有畢業；《白鯨記》（*Moby Dick*）作者，世紀大文豪維爾梅爾（Herman Melville）在十二歲時就離開了學校；劇作家蕭伯納九歲到十五歲之間換了四所學校，沒有一個學校是他喜歡的。

如果往影劇或娛樂圈去找，那例子就更多了。湯姆克魯斯（Tom Cruise）在十四年內換了十五所學校；勞勃狄尼諾（Robert DeNiro）高中也未畢業。這裏舉的例子，加上太多太多沒法包括進來的例子，我相信已經足夠說明**學業成績和考試分數真的一點都無關緊要，與未來的成功與否，完全沒有關聯**。

你或許要問，那是什麼意思，要故意把學業成績弄不好，將來才會有成就嗎？

在回答這個問題之前，容我先說明，我不是反對學業成績好，唱衰那些兢兢業業，努力負責，認真把學業成績顧好的人。我自己的小孩在學校的時候，學業和考試成績也一直很好，但是我們從不鼓勵他們花太多時間在學校功課上，反而給他們很多機會和時間去從事其他事情。我們希望他們能由其他地方學到許多成功的特質和實際生活的能力。我整本書可以說都在說明我們的作法，希望每一個孩子能真正的享受生活和幫助社會，在推動人類文明進步的過程中，盡一份心力。

所以請勿擔心我對學業成績好的資優生有偏見，但是我確實相信，如果花很多時間——甚至所有的時間——在學業上，學校還不夠，課後還要補習，代表這些學生沒有像拿C的學生一樣，有機會去追求夢想，學習真正重要的東西（比如說謀生的技能），體驗人生，那一輩子會是很危險的，這就是我對資優生的看法和期待。

C級生成功的理由

接下來讓我們來看看為什麼學校成績拿個大C的人，將來比較有機會成功的原因？

第一，拿C的學生會Think outside of the box（跳出思考框架）

在這裏，Box指的是一個限制我們思考的框架，Think outside of the box的意思就是跳出這個固定的框架去做有創意、突破性的、不傳統、不流俗、異於一般人的思考。

這裏讓大家猜一個簡單的謎題：圖一（見二六四頁）裏有九個圓點，排成三行和三列，請拿筆劃四段（或少於四段）直線，把九個點走過一遍。注意畫過的路線不得重覆，也不得將筆提起紙面上。在看下面的答案之前，請花幾分鐘時間，試試看怎麼解這個小謎題。

如果你思考過後，想核對答案，請翻到第二六六頁的解答。事實上，解答有好幾種，重點是，你把這九個點最外圈的點連起來，你看到的就是一個Box，要解答這個謎題，你實際上必須要Think outside of the box。看看我們的解答，你畫的線必須要跑到Box的外面（Outside）去，才有可能找到答案，如果你一直在Box之內（Inside）思考，就永遠找不到答案。這就是Think outside of the box的意義。

為什麼我們要Think outside of the box呢？因為世界愈來愈複雜，我們碰到的難題也愈來愈大，愈來愈難（容易的問題已經都解決了，剩下來的都是比較難的），簡單的頭腦和思路是無法破解問題的，所以必須要Think outside of the box，我們才會有突破困境的機會。

圖一

拿C的學生常常不照老師的指示行事，這表示他比較有獨立、不被他人左右的思考，比較具批判性。簡單的講，比較有在用腦，自然有機會跑到別人意想不到之處去思考，發揮創意，解決別人不能處理的問題。

我曾經拜訪過一些學校，他們的走廊上畫有直線，我好奇問了才知道，那是學生被要求走的動線。我在想，如果連走路都要限制，那其他——特別是思考——的枷鎖管制一定更多，這是扼殺創意最簡單的方式。而畫這些線的人，或者應該說設計這些線的人，就是制定我們教育政策和規定的人，一條長長的食物鏈，以上到下一直到給學生打分數的人，這樣的系統打出來的分數，它代表的是什麼意義？你可以自己去做你的結論。

為什麼我要分析這個題目？因為我在研究年輕人怎麼成功的過程裏，發現許多成功的人在校的成績並不好，甚至非常差，有些還差到退學的程度。但是這些人離開學校並不是沒有聰明才智去拿一個好成績，而多半是因為他們並不喜歡學校和老師的教法，或者是他們有其他想法、其他的追求和熱情。所以如果硬要比較的話，拿C的學生的聰明才智可能不低於拿A的學生。

但是比聰明、比智商並沒有太大意義，因為那只是佔未來成功因素的一小部分，其他更大、更重要的部分就是我們在這裏要探索的。所以，如果你的小孩是拿C的學生，那麼請你仔細看看我的分析，看看我說的是不是你孩子的情況。比較可能的是，有些是，有些不是。你要做的是，想辦法把我提到的重點變成他的強項，那麼他未來成功的機會就更大了。

如果你的小孩是拿A的學生，請分析一下他好成績的原因是什麼？如果他真的非常聰明，不必要花很多時間，就可以輕鬆有好成績，那他很幸運，有一個好腦袋；如果他不那麼聰明，但善於分配時間（比如說不浪費時間、利用零碎的時間等），工作效率高，也輕鬆拿好成績，那也很好；這兩種人都還有時間去培養他們對其他事物的興趣和能力，也就是去發展其他成功的特質。

問題比較大的，是花很多時間，甚至所有時間，去換取好成績、高分數的學生。為了這個單一的目的，一整個白天在學校，晚上還要跑補習班，假日也不得閒，可能還要補習或學其他才藝。

可惜的是，如果我們的題目是未來成功與否，那麼學業成績、考試分數和未來成就是不相干的事。這類的資優生，聰明不聰明的都有，我希望你也能仔細閱讀以下我分析為什麼拿C的學生會成功的因素，看

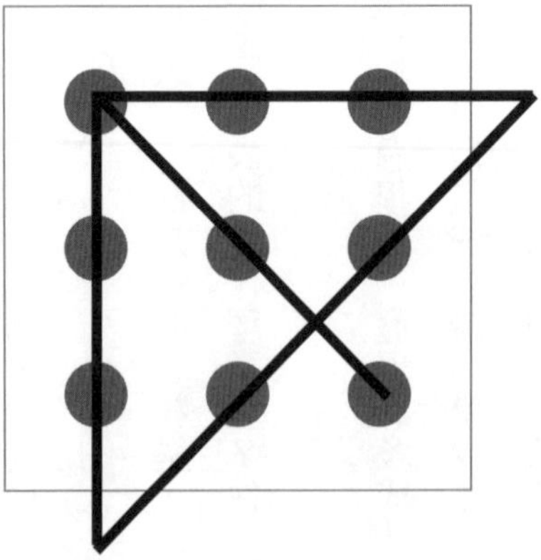

圖一解答

看你是否願意挪些時間和精力為未來做準備。

成績好，還要更好是一種選擇，但是我們常走完了一條路回過頭看，才發現我們在某個時間點做的選擇，可能影響——正面或負面都有可能——我們一輩子。希望我的研究可以幫你做出你未來不會後悔的正確選擇。

第二，C學生能想出簡單的解決方案

宇宙的事物非常複雜，但是如果你仔細觀察，複雜的事情事實上是簡單事物的組合。這裏的簡單（simple），可能是組成零件的簡單，也有可能是觀念上的簡單，原理上的簡單。總之，科學家（尤其是數學家）都知道，如果答案不夠簡單，不夠優美（elegant），通常他們都不會滿意。因為他們還在懷疑，一定還有更簡潔的答案在，他們宇宙的秩序就是如此。寫電腦程式的工程師也都知道，要達到一個目的，程式寫法有許多種，但最好的解決方案一定是最簡單的一種。所以，雖然不是永遠如此，但總結來說，簡單即是美，簡單即是好。

什麼樣的人會找到解決問題的簡單方案？會Think outside of the box的人；會走彎路，不見得每次都只會直著走的人；喜歡東想西想的人；不是人云亦云的人；簡單的說，拿C

的學生比較像是這一類的人，拿A的學生則比較不像。無論如何，**只要理解簡單方案是追求的目標，平常就培養大腦的彈性思考能力，任何人都可以做得到。**

大家都知道比爾蓋茲是哈佛大學的退學生，所以很自然的，他的公司在僱人時也不在乎求職者的學校成績。那他僱人時考慮的要點是什麼？這是他的說法：「我永遠會找一個懶人來做一個困難的工作，因為他會找到一個簡單的作法。」拿C的學生通常被認為比較懶，這些人也就是會被負以重任的人。

相對的，拿A的學生考試的成績要好，需要許多的訓練，遵循老師教的解題步驟，常常公式一套，困難的問題就迎刃而解。但是他們和他們老師不知道的是，這種練習容易使學生失去思考的能力和大腦的彈性，以致落入一種叫做Einstellung效應（Einstellung Effect）的思考陷阱裏。

Einstellung效應的意思是說，我們因為過去的經驗或是某種訓練的緣故，會形成一種固定的思考模式，以致忽略了許多問題更簡單、更直接的解決方案。

Einstellung效應說明了大腦的運作方式：大腦永遠在找解決問題最有效率的方式，也就是最快得到答案的路徑，但是最快的答案不見得是最好的解決方式。Abraham Luchins的水瓶實驗經常被拿來說明Einstellung效應的存在，現在也請你來做這個簡單的實驗。

請回答以下的謎題：

你如何用容量已知的三瓶水（瓶A、B、C）得到我們欲取得的容量？假設A瓶的容量是29（公升或任何容積單位），B瓶是3，請問如何量出20？

答案是：A的水倒到B三次，A剩下的水量就是20，這只是熱身題。

第二題：A=14，B=163，C=25，欲取得99。

答案：B水倒A瓶，B剩149，B倒C兩次，B剩99。

第三題：A=18，B=43，C=10，欲得5。

答案：B倒A，B剩25，B倒C兩次，B剩5。

第四題：A=20，B=59，C=4，欲得31。

答案：B倒A，B剩39，B倒C兩次，B剩31。

由第二題到第四題，歸納出公式：B-A-2C可以得到欲得之容量。

接著做第五題：A=23，B=49，C=3，欲得20。

答案：套公式B-A-2C可得。

第六題：A=15，B=39，C=3，欲得18。

答案：套公式可得。

第七題：A=28，B=76，C=3，欲得25。

答案：套公式得不到答案。

這個實驗的第二題到第六題，我們得到B–A–2C的公式，只要套公式就可以得到解答。但是，你注意到第五題和第六題其實有更簡單的解法嗎？如果你還是用B–A–2C的方式，那表示你掉入了Einstellung效應的陷阱裏。

沒有關係，絕大多數人都是進入同樣的思考模式裏。事實上，第五題你再看一遍，相信你很容易得到一個更簡單的答案（A水倒C瓶）；第六題也是一樣，A瓶和C瓶中的水加起來就是18。如果你在想要怎麼把這兩個瓶子裏的水合在一起，請想一下，題目並未要求把水集中，所以A瓶和C瓶擺在一起即可。如果一定要倒在一起的話要怎麼做？把B瓶的水倒掉，然後把A、B兩瓶的水都倒到B瓶中就可以得到18。

比較大的問題在第七題，B–A–2C的公式行不通，怎麼辦？你再想一下答案就出來了。

家長可以讓小孩試一下這幾個謎題，很小的小孩就可以做，這些題目並不難，重點是觀察他們解決問題的思路。

他是不是會自己歸納出一條公式（B-A-2C），如果是，那麼他在做第五題和第六題時，你有看到Einstellung效應嗎？也就是說，他是不是還是套用B-A-2C的作法，而不是想出簡單的作法來？

如果他用B-A-2C的方式做第五、六題，那他怎麼做第七題？是不是做不出來？如果第七題自己做出來了，他是不是會再回到第六題、第五題，檢視自己前面的作法，看他是否能修正成簡單的解法。

觀察小孩及自己的思路，你也可以更了解自己（或小孩）。**思考彈性愈高的人，愈能夠解決錯綜複雜的問題，這也是許多知名公司聘僱人才的條件之一**。如果政府或教育單位在選人時，可以聰明一點，不要看學校的成績，也不要用愚笨的考試挑人，而是去向企業學習，並且提昇負責選人才者的程度，只有聰明有、才幹的人才能選出更聰明、更有才幹的人來。庸才則只會挑到更平庸的人來，這就是為什麼社會的進展會停滯、甚至往回走的原因。

社會比較

心理學家Leon Festinger在一九五四年首先提出「社會比較理論」（Social Comparison Theory），說明人有經由與別人的比較，取得自我評估（Self-Evaluation）的心理需求。換句話說，人們和別人比較之後，再來判定自己的自我與社會價值。

這就是為什麼在社會上我們比個不停——親戚間要比，朋友間要比，剛認識的人要比，連不認識的人也要比。這是比較的對象，除了對象之外，比較的項目就更多了，長相要比，財富要比，智商要比，最糟的是，配偶要比，小孩也要比。

就說小孩，不但自己的小孩要和別人比，連自己的小孩之間也要比，大人比小孩，小孩之間也要互比，男孩間要比，女孩間要比，男女孩之間也可以有的比，可以說我們整個社會是比較的社會。比較總要有個準則，所以比較完了之後就開始上標籤（labeling），或排名（ranking），然後刻板印象（stereotypes）就開始出現。社會上很多的不公不義，許多的失衡現象，價值觀的錯亂，來源全在於人性社會比較的傾向。

Brigham Young University人類發展學助理教授Alexander C. Jensen及賓州州立大學教授

Susan M. McHale訪問了三百八十八個歐洲背景的異國家庭（祖先來自於歐洲者），這些家庭都有兩個或兩個以上的小孩。

研究者問受訪的父母一個問題：「你覺得小孩們之間的學業成績差別多大？大的學業比較好？小的比較好？還是差別不大？」

兩位教授由所有父母的回答，比對每個小孩的學業分數，得到一個結論：「**父母相信哪一個小孩的學業表現較強，他們的表現就印證父母所相信的，而且很難改變。**」

研究者承認，他們的取樣數不夠大，取樣的家庭全部來自靠東北岸的十七個學區，因此結論不能作準。但這樣並不代表他們的結論無參考價值。研究者說，有一點可以確定的是，**父母的相信對小孩有很大的影響，父母甚至不必說出來，他們心中的定見，有可能在行為表現或言談之間不經意表露出來，這就足以影響小孩的認知。**

我們各自回想一下，父母對自己的看法，可以體會到父母對自己的意見很早就成形，而且很難改變。父母由這個研究報告得到的教訓是什麼？這是我的看法：父母必須下一個**決心，不只是不要說出來，而是真心的不要再比較了。**

兄弟姊妹之間不要比，不要拿他和同學比，也不要和親戚的小孩比，不要和任何人比。比贏了，養成自己的浮誇和虛榮心；比輸了，失去了自我價值感。比輸比贏，都是輸，都是作繭自縛，可以說一無是處，為什麼要比？

我了解比較是個社會壓力，整個社會都在比，事實上世界上每個國家都在比，各式各樣比較的數據和調查經常出現在媒體上，讓我們也有不得不比的壓力。但是國家間為什麼要比，不在我們的討論範圍內，暫且略過不表。我們現在討論的是小孩之間的比較對父母，對小孩都是一件負面的事。別人要比，可能你管不著，但是為了子女健全的人格和未來的發展，希望你能把比較的想法由腦袋中剔除，從今以後，不要再比了。**我保證你會輕鬆很多，你的小孩也會感受到你的轉變，他也會學到不再比較，這樣對他的整個人生會有許多幫助。**

如果你因此而擔心孩子失去競爭力，那大可不必。因為如果他的競爭力或者學習的動機來自於比較，那就像汽車加錯了油一樣，是跑不遠的。（試著加柴油到必須加95汽油的車子，看看會發生什麼事。）

說到這裏，和家長的比較一樣，另一個普遍存在的狀況是，成人在碰到小孩或青少年時，常喜歡問的是，「幾年級了？學校功課怎麼樣？」或是「以後長大要做什麼？」這一類的問題，成人覺得無害，或者是一種關心的表現。但是我可以告訴你，小孩子不會這麼覺得，你問他功課，問他考試，挑動的是他敏感的神經，除了增加他的壓力之外，對他毫無幫助。你問他長大做什麼，這就好像有人把一些東西放在剛會爬的小孩身邊，看他抓起哪一樣東西，就說這就是小孩將來的職業；這類的遊戲就像天橋上的把戲一樣，成人娛樂自己而已，對小孩毫無意義。

第三，拿C的學生知道他自己要的是什麼

拿A的學生生活繞著學業打轉，父母也鼓勵他這樣，「把書念好，把試考好就好了，其他的事你不必管。」這是父母的態度，長此以往，小孩失去生活的能力，除了念教科書、參考書之外，什麼也不會。

我們在和大學生志工應徵面談的時候，就清楚感受到這樣的教育制度和家庭環境培養出來的孩子，到大學已經要畢業了，多半還一事不知。這和我們在國外面談的高中生和大學生有明顯的不同。國外的年輕人，多半有許多社交的經驗，和大人講話、溝通的機會也多，打工的經驗讓他們了解社會運作的方式，事情應該怎麼做，待人接物應如何，都有一定的譜。

台灣的小孩，成長的過程裏保護太多，讓他們失去寶貴磨練和鍛鍊的機會，部分素質是好的，但缺的東西太多了。特別是學業拿A的學生，通常受到更多框架的限制，他們甚至連胡思亂想的時間都被剝奪。

反過頭來看看拿C的學生，先不論究竟是因為拿C，所以受到的管束少一些；還是因為來自學校和家長的管教比要少，所以拿C。反正拿C的學生這方面的問題就明顯少一些。他有些空檔可以去追求他的熱情，尋求他喜好的東西。當然這是一個嘗試錯誤的過程，有時候你以為你愛的東西，嘗試了之後，才發覺不適合自己；有些你初看不看好的事物，試了之後才漸漸喜歡上。

一個人的熱情是一件連本人都很難說得準的事。拿C的學生，可以說很幸運的有機會去追求他熱情的所在。光這一點，就非常非常的珍貴，他追求的熱情到最後常會變成他終生的志業。

成人常說，「這個可以當飯吃嗎？」我要說的是，只要投注熱情和專注，沒有什麼是不能當飯吃的。史蒂芬·霍金說，愚蠢是人類最大的威脅之一，是一句非常有智慧，也非常正確的話。

人們常做的一件蠢事就是把自己的價值觀和期望投射到小孩的未來之上，因為這樣，所以父母會「安排」小孩學什麼專業或從事什麼行業。這是小孩的人生，父母為什麼要幫他活，為什麼要剝奪或企圖影響他對自己生命的主宰權，這點令人難以理解。

愛因斯坦說，「每一個人都是天才。但是，如果你要一條魚去爬樹，牠一輩子都會相信自己很笨。」讓我們把魚放在水裡優游，不要叫魚去爬樹；讓我們支持小孩找到他的熱情，不要告訴他他的熱情是什麼，給他時間，讓他自己去找出他要的是什麼。

第四，拿C的學生頭腦比較靈活，未來發展的空間多了許多

其實拿C的學生頭腦並沒有比較靈活，只是他們比較自由——放棄了對分數的錙銖必較，自然多出了時間和空間——所以常有機會胡思亂想。台語有一句俗話說「想孔想縫」，就是這個意思。既然想到連縫隙都不放過，那麼做一件事情的選擇就多了。選擇多，表示創意、創造力都比較強，自然解決問題的能力就強，這是拿C的學生的優勢。

第五，拿C的學生不是完美主義者（Perfectionist），也不多做

什麼？完美主義（Perfectionism）有什麼不好？拿A的學生都有強烈的競爭心理，他要爭取的不是由三十分到六十分，那是拿C學生在做的事。他努力的是由九十分到九十五分，或者由九十五分到九十九分的階段，那比由三十分，再加個三十上去要難得多，最後的四、五分，每一分都是非常艱辛困難的，沒有謹慎小心，追求完美的龜毛性格是辦不到的。

也就是說，拿A的學生由定義上來說，就是完美主義者。這難道不是件好事嗎？回答這個問題之前，我們先看看拿C的學生是怎麼做的？

拿C的學生腦袋裏想的是不要溺斃就好，只要脖子以上浮在水上，他們就認為達到目的。所以他們不論考試或交作業，只求及格，不求完美，過得了關，就是功德一件，這是拿C學生的心態，可以明顯的看到這是反完美主義的作法。

看起來拿A的學生是遙遙領先了，至少分數和老師、學校、家長、社會的觀點是這樣的，不是嗎？錯，時代已經變了，完美主義已經過時，完美主義在科技時代已經被推到歷史的陳蹟裏了，現在講求的是，快、狠、不必太準。

創辦LinkedIn（全球最大的專業人脈網），把它帶成上市公司，又以二百六十二億美元賣給微軟，把自己變成億萬富翁的Reid Hoffman說，「如果你不會對你產品的第一個版本感到不好意思，那你根本是太慢推出來了。」

現代新創公司的文化講的是「比別人先一步」，不只商業是如此，科學研究，科技開發也都是如此。比別人先，就是英雄。比別人晚，連狗熊都不是。這其實不難理解，產品永遠可以再改進，但是如果不是第一人，那就成了Copycat，Copycat的意思就是抄襲者，在講求原創力的時代，Copycat是沒有價值的。

但是我們的教育和學校不懂得這個道理，把拿A的學生都培養成完美主義者，這些學生進入社會，成為社會的領導人，以他的價值系統去帶領社會，這便直接造成了我們的落後。

讓我們看看別人在談什麼，矽谷的一位思想領導者（Thought Leader）Tim Ferriss談的是MED，MED是Minimum Effective Dose（最低有效劑量）。意思是，醫生要治好病人的某一個病症，投下的藥物劑量只要能剛好把病症治癒就好了，多出來的藥劑都是浪費的。吃維他命C，只要身體所需剛好就好，多吃不但無益，恐怕還有害。煮開水一百度C就可以煮沸，再高的溫度都是浪費能源。

Tim Ferriss的MED觀念就是告訴創業者，要得到某種結果，只要花剛好的力氣，投入剛好的資源就好，多做的都是白費功夫。想想看，只要三個人花一個星期可以做到的事，為什麼要投入五個人做一個月呢？這兩個多的人，在多出來的三個星期裏，又可以完成一些其他的什麼事呢？

MED的觀念避免資源的浪費，不只適用在公司經營而已，政府的管理，社會上許多其他的事，以及個人的時間管理，工作效率，這都是一個不可缺乏的觀念。但是，誰在談這個，教這些呢？

為什麼拿C的學生功課不好呢？如果功課都弄不好，其他事怎麼可能做得好？這是一般人可能會有的疑問，家長對於功課不好的小孩，也會抱持有相同的懷疑，我提出完全不同的觀點，我詳細說明了，為什麼拿C的小孩將來會是我們社會的領導者，為什麼他們會是獲得最後勝利（Get the Last Laugh）的一群人。在我提出的重點當中，你會清楚為什麼拿C的學生將來會成「人生勝利組」（這是我學來的新詞彙）。也會多少看到為什麼他成績不好的原因就是我認為他將來能成功的因素。

看好C學生

當然，拿C的學生有許多種，有部分的C學生成績不佳的原因不是我們上面提到的情況，而是有家庭問題，經濟問題，或是身體或心理健康上的問題，這些特例，暫不在我們討論之列。我論述的重點是許多拿C的學生是聰明的，只是僵化的制度不能容忍他，錯誤的歸類他，剝奪他的機會，造成很多拿C的學生一輩子起不來。

每一個將來成功的C學生就有一大串未起來的C學生在背後，這些人原本應該是社會的中堅，但是因為我們的錯判，沒有塑造出這些人可能成功的氣氛和空間給他們，以致整個社會都在付出沉重的代價，這是少數人的無能，卻是社會一起承擔的共業。

C學生不只我提到的多能Think outside of the box，具創意、創造力，這是我們社會最需要，而且最難求的特質。因為我們一直在用舊的作法，想要解決新的問題，但是我們沒有發覺的是，如果舊方法有效，問題老早已經解決了；舊的那一套，連舊問題都處理不了，怎麼能對付更複雜的新問題。**所以創意、創造、創新，是我們社會亟需的**。

拿A的學生要做好的一件事就是要聽從權威，照著畫好的路徑去走，遵循別人的規則行事，師長說做這個，做那個，A學生縱使有意見，試個幾次之後也放棄了自己的主意，要不然怎麼拿A。

任何人都可以看得出來這樣的訓練是反創造、反創新的；等到有一天，而那一天必定會來到，A學生長大之後變成權威，變成社會作主的人，你想他會怎麼做？難道他會提倡改革？難道他會鼓勵創新？要一個一輩子在別人畫好圈子內活動的人去突破，還不如叫一條魚去爬樹。

另外，我說C學生通常比較懶。懶，在傳統的觀念裏，是非常不可取的。但是由生物進化論看，大腦在做的，盡是一些懶事。它想要用最簡單的方式去達成使用，不求完美，只求做到。我們前面提到MED的概念，就是拿C的學生做事的方針。

而A學生對不完美的事是嗤之以鼻的，他們的訓練就是追求完美，但那是被新時代淘汰的概念，科技時代的要求是Crank Things Out. Get Things Out of the Door.（把東西做出來，送出門）。C學生因為懶，所以常在找省力的方式。科技的目的之一就是省力，因此C學生和科技常勾在一起，成為好朋友。

隨便提個例子，同樣是上網，A學生用的瀏覽器是Internet Explorer（IE），他從來沒想過，甚至不知道還有其他選擇——譬如Google的Chrome——可以免費下載來用。他不知道IE有許多缺點，已經是沒有多少人在用的產品。可是政府機關、銀行都還在用IE，甚至他們寫的程式也只能在IE上跑，你打電話去問，才了解IE是他們唯一支援的瀏覽器，這些落後和反潮流的事，都是A學生做的事。

C學生則不然，他們有一種找更好選擇的習慣，他們會自行下載一些別的工具來試，反正試不行，天也不會就塌下來。C學生因此相對的見多識廣，他們的能力自然比較強。

有學者研究發現使用Chrome瀏覽器的人，薪資超過使用Internet Explorer的人。這個結果，可能有點令人難以置信，怎麼用哪一種瀏覽器會和收入有關？不管怎麼說，統計數字說明的事實就是如此，數字是不會騙人的。

學者解釋說，可能的原因是使用Chrome的人，都必須要自己去搜尋之後，下載來用。會做這些動作的人，對其他事物也多半採同樣的態度，也就是說這些人不是別人怎麼說就照做，他會獨立思考，學習新的事物，自己做研究，嘗試不一樣的選擇。簡單的說，是會動腦筋的人（像我說的C學生一樣）。這一類人，在工作上的表現，屬於會比較主動，有意見，管閒事，跳出來領導的典型。有可能因為如此，比較受到重視，能得到比較高的薪水。

另外一種人（比較像是拿A的學生），使用的是已經和作業系統一起安裝在電腦上的

IE，他不必也不會花腦筋去找其他產品，不會想太多，有東西就用，不會特別去質疑，別人都不說話了，他更覺得沒什麼好說的。把交代的工作做好，他就覺得功德圓滿，要他特別去費腦筋，甚至主動挖掘問題，管起閒事來，都不是在他的DNA之內。這樣的性格，在私人企業裏，貢獻較小，自然反映在較低的薪資上。

C學生的成功之鑰

拿C學生的特點還不只這些，他們腦筋靈活，東想西想，主意很多，知道自己要什麼，怎麼去追求，怎麼去得到。為了要獲得，他們會想盡辦法自己去學習，他們不願意讓別人告訴他怎麼做，怎麼學。他會為了達到他的目的，沒瞑沒日的全力以赴，直到得到他需要的知識，然後以他學來的本事，幫助自己達到自己的目標和夢想。

在拿A的學生經營功課，以分數追求外在的肯定和獎賞的時候，C學生有他自己對成功的定義，他不需要外界的肯定，他不怕失敗，願意冒險。他沒有興趣取悅老師或父母，雖然他尊敬而且愛戴他們，但是他有自我的目標，和師長父母要的多半不同，他毫不猶豫的作了自我的選擇。

不僅如此，C學生知道這是個打群架的時代，也就是說，他很清楚，這是講究團隊合作的時代。他喜歡交朋友（也都是氣味相投的C學生），知道揪群結黨，不怕別人的能力比自己強。事實上，他專找能力比自己強的人，他不擔心自己是團隊裏最弱的一員，因為他知道，他可以仰賴他的隊友。我提到的分享和同儕學習，C學生不吝嗇與別人分享資源，因為他知道**無我的分享換來的會是別人無私的回報以及更堅強的團隊**。

在C學生汲汲於社交的同時，A學生營營於成績和分數，他穿梭於學校和補習班之間，他挑燈夜戰，獨自孤單的經營他個人的黃金夢。分享對他來說是神話，因為只有讓敵人摸不著自己的底細，穩穩抓住別人沒有的解題妙方，整理出自己的致勝祕笈，自己有的別人沒有，才有可能克敵致勝，鰲頭獨占。A學生認為，不藏私的人無異是個傻子。

在A學生的觀念裏，狀元只有一個，不是我，就是別人；一個人要成功，就必須要有另一個人倒下去。他堅信，某一個他要去的地方，只有X個名額，多一個人進去，他就少了一個機會。所以他一輩子都在搶位子，佔位子。你環顧一下四周，有多少人到老還在等位子，搶位子，等別人賜一個位子，不是嗎？

C學生從小就放棄那樣的想法，他走的是另一條路，他超越了那種無意義的競爭。亨利・福特不會寫字，有閱讀困難，沒有知識，但是他僱了許多有知識的人，他桌子上有一排按鈕，他隨時可以召喚他的公司各部門裏最有知識的人，來告訴他所需的知識。他說，他不需要塞這許多知識在他大腦裏，因為他的大腦還有其他用途。我想，他的大腦就用在創造位子，讓許多拿A的學生來爭搶上面。

如果你還不完全清楚我的意圖，那讓我說明白一點，我在書裏提到的拿C的學生，你可以把它看成是一個隱喻（Metaphor），我指的是具有那些我提到的特質的孩子，如果你看到那些特質——自我動機、熱情、不聽話、有自己的想法、問為什麼、問一大堆問題、願意分享、愛交朋友、挑戰權威、不鳥規則、不信學校那一套、愛學習、愛做白日夢、愛閱讀但不愛讀教科書——千萬不要氣餒，千萬要去珍視、培養，讓這些特質（我叫它們做成功的特質）不斷的壯大，我向你保證，如果你這樣做，你的心血，一定可以出現看到開花結果的一天。

問題省思

為什麼在書的最後要有這些問題？問這些問題的作用是什麼？

閱讀一本書就如同搭上作者當司機開的車子，到處去遨遊，司機開到名山大川，指出壯麗的美景給你看，你深吸一口氣說，真美啊，我經驗到了；司機開到鄉野小徑，指出秀雅的田間野趣給你瞧，你領略到鄉村的風味，你說真怡人啊，我經驗到了。新的經驗、不同的體驗，當然是一種學習。但這個學習，最多只能說是半套。

美國的教育改革家約翰・杜威（John Dewey）說的好：「我們不是由經驗學習……我們由對經驗反思而學習。（We do not learn from experience … we learn from reflecting on experience.）什麼叫做反思經驗（Reflecting on experience）？對我們所經歷到的事物，刻意的去咀嚼、消化、思考、分析（Analyze）、合成（Synthesize）、抽

象化（Abstract），然後說出（Articulate）學到什麼重要課題的過程，就叫Reflection（回想）。

這是一個由思考來學習（Learn by Thinking）的方法，心理學家和教育學家同樣認為，這是一種最有效的學習方式。在思考所學的過程中，我們不但有機會釐清不理解的地方，而且能夠對所經驗的事物產生新的興趣和信心，整個過程，就是一種深度學習的機制。

書末問題提供讀者在閱讀完全書之後，再一次回想和咀嚼書裡所討論內容的機會，不管是個人或是讀書會，在反省、反思和再一次翻閱之間，對整本書會有全新的體驗。

Chapter 1

1. 調查顯示，亞洲國家的學生普遍缺乏創意，中國和台灣的學生更是如此。你覺得這是文化傳統或是教育方式使然？還是兩者皆有？看完本書第一章，你會比較重視創造力的訓練嗎？你覺得培養創造力是一個重要的課題嗎？為什麼？

2. 你有發現到Dual Tuning的現象嗎？就是正面情緒和負面情緒高時，特別充滿創造力。你學到這個道理，能夠怎麼運用在日常生活上？

3. 你相信科學家說的，走路可以增加創意嗎？也就是說在走動的時候，靈感或想法就特別充沛，你有這樣的體驗嗎？如果沒有，請你開始試試看。如果多走動沒有增加你的創意，至少是一項對健康有益的活動。

4. 什麼是「減法創意」（Creativity by Subtraction）？我在書上舉了Dr. Seuss寫《火腿加綠蛋》（*Green Eggs and Ham*）的例子，你可以舉出另一個減法創意的例子嗎？有時候減法創意可以得到出人意表的結果，你可以試試看嗎？

5. 拉長心理距離可以增加創意，你有過這樣的經驗嗎？為什麼我們在為別人想事情時，能比較有創意。為自己操心時，卻常思路不暢，想不出個好辦法來？

6. 回憶一下Evan Polman的研究，及他提出的囚犯越獄謎題，你有想到囚犯是怎麼越獄的嗎？常常思考可以用什麼不同的方式解決問題，是培養創造力的一個方式，請你試試看。

7. 多元文化和增廣見聞可以增加創意，你可以如何運用呢？可能你首先想到的是旅行，這當然是一個很好的辦法，在旅行的時候，不同文化、不同思考方式的衝擊下，常會有許多平常想不到的觀點浮現，這當然是刺激創意最直接的辦法。

但是你有沒有想過，旅行的方式和創意也有關係。如果只是跟團旅行，雖然少了自己張羅一切的麻煩，但是走的是固定路線，碰到的也多是在同一條線上的人，雖然對你來說可能是第一次，但是對帶團的人，以及當地所碰到的人、事和物，他們少了新鮮感，也碰多了和你來自同一個國度的人，他們給你的反應是很制式的，你的反應也都在他們的經驗之內，沒有太多驚奇，對創意的刺激沒有把自己拋到一個人生地不熟的地方那麼大，你同意嗎？

8. 我提到物理老師的例子，說明期待標準答案的教學法是扼殺創意最好的辦法。你有這方面的親身經歷嗎？你要如何避免這種用笨方法把學生教笨的教育？

9. 自學是自己找資料，不必等別人餵，學習自己想學的東西。你知道這是我們教育最缺乏的一塊嗎？家長和學生都覺得不停的教，給的最多的老師就是最好、最盡責的老師。你同意這種老師是最好的嗎？

對我來說，我會積極避免我的小孩被這樣的老師教到。就像一個媽媽，把家裏整理得有條不紊，把小孩也打理得乾乾淨淨，整整齊齊，結果呢？小孩子什麼都不會，什麼都不想學，什麼都依賴媽媽。飯來張口，東西吃完了就丟在桌上，衣服髒了就隨手一脫，到處亂丟，不想、也不能做家事，到了學校發現忘了帶什麼，一通電話家裏就馬上送來。

做得愈多，他愈覺得是你該做的，侍候不好，他還要不高興，有些小孩還會責罵父母。這樣把小孩服侍到上了天，結果是剝奪了小孩學習生活、為自己人生負責的能力。雖然不忍心，但是我們能說這是個好媽媽嗎？

同樣的，我們能說什麼都幫小孩準備好，餵了一大堆知識給小孩，卻沒有培養小孩實際解決問題能力的老師是好老師嗎？**我認為的好老師，是把鑰匙交到小孩手中的老師**，不**是單純傳授知識的老師**。大家都會說，對，要把鑰匙交給小孩，但是有多少小孩領了畢業證書，離開了學校，鑰匙還在老師手上的？

10. 你或你的小孩有閱讀課外書的習慣嗎？六〇年代散文家思果說：「我不免覺得學校的課本是讀書的限制，甚至是障礙。凡是學問有樣子的，無一不是多讀課外書的人。」你同意嗎？請討論如何培養閱讀課外書的習慣。

11. 你（我是指年輕人對自己，做父母的對子女）唯一能做，而且也應該做的，是保持對萬物的好奇心、對學習的渴望，以及對追求真理的熱愛和堅持。

請你真誠的問自己：我（的孩子）有這些嗎？如果沒有，怎麼去找回來？父母也應該問自己：我有做了什麼去妨害孩子的學習動機嗎？

Chapter 3

12. 你可以對小孩如何在學校培養群性，歸納出幾個原則嗎？學校是發展人類特有的社交大腦的練習所，這才是學校的第一要務。你同意嗎？
13. 你覺得培養小孩的領導力重要嗎？你會怎麼做？
14. 你鼓勵小孩子和同學、朋友分享嗎？你實際上會怎麼做，讓他有分享的習慣？
15. 分享的反面是自私，好一點的自私是潔身自好，但是許多自私牽涉到危害他人的利益，社會上許多空氣汙染、噪音、環境、食安問題等，都可以說是因為少數人的自私，嚴重危害到公眾的利益或生命的安全。你會怎麼做，避免傷害別人，也避免包括自己在內的社會大眾受到侵害？

16. 我提到的觀念是由分享開始，進而發展社交，一直到學會與他人合作。請討論我提出五點與他人合作所能學到的事，你同意我的論點嗎？可以想到其他好處嗎？

Chapter 4

17. 請分別「內在動機」（Intrinsic Motivation）與「外在動機」（Extrinsic Motivation）的差別。外在動機一定不好嗎？當你在提供外在動機時，有沒有應用我提到的外在動機三原則？
18. 你知道獎賞有時是一種懲罰嗎？你要怎麼給獎賞，才不會得到反效果呢？
19. 培養小孩內在動機是非常重要的事，關係到他一輩子做事的成敗。關於這件事，你會怎麼做？你同意我所提到的十點增加內在動機的辦法嗎？請試著做做看。

Chapter 5

20. 請列出我提到有關習慣的十一項重點。思考每一項的涵義是什麼？你能怎麼應用？
21. 「習慣沒有好壞」，這是什麼道理呢？

22. 為什麼「找出習慣迴路的內容」，就可以進一步改變習慣？
23. 「習慣是無法去除的」，這怎麼說？
24. 為什麼「事先想好一套方案」是改變習慣的方法？
25. 「先花一段長時間思考改變壞習慣」，為什麼光思考就可以改變習慣？
26. 「要戒慎恐懼，如履薄冰，由小小的改變開始」，為什麼這麼做？
27. 為什麼「設定負面目標」無法改變壞習慣？
28. 「改變環境」就可以改變習慣，真的嗎？應該要如何應用？
29. 為什麼「降低壓力」可以幫助我們改變壞習慣？
30. 「建立支援系統」就是揪朋友一起來，這樣對改變習慣有幫助嗎？
31. 「暫時的失敗並不代表永久的失敗」，意思是說如果改變習慣受到挫折，絕不能灰心喪志。你有這樣的經驗嗎？你是怎麼做的？
32. 請敘述原始大腦（Primitive Brain）和現代大腦（Modern Brain）的差別，也就是邊緣系統（Limbic System）與「前額葉皮層」（Pre-frontal Cortex）的差異。兩者的差異點說明習慣如何養成，以及如何能改變壞習慣。

33. 習慣迴路（Habit Loop）是什麼？它有哪三部曲？

34. 請列出兩項習慣，列出它們的習慣迴路，也就是說其觸發——行為——獎賞各是什麼？

35. 請把你想改變的一個壞習慣寫在紙上，試著用習慣迴路的方式去改變它。記住習慣是不會消失的，但是習慣可以被另外一個習慣取代。

Chapter 6

36. 你同意Negroponte所說的：「共用一部電腦就像共用一枝鉛筆一樣」嗎？你覺得給小孩買一部電腦，讓他經由電腦這項工具去探索許多未知的事物，是一件再划算不過的投資嗎？

37. 把程式設計歸類成一項可有可無，隨時可停，有興趣才學的「才藝課」，這樣的觀念影響小孩重視程式設計的程度和他的認真度。在未來的科技世界裏，不懂程式設計的人可能受到排擠，只能做相對簡單或粗淺的工作，請思考這個問題。

Chapter 7

38. 你同意跳出舒適圈（Comfort Zone）後，會看到一個新的世界，會擴大自己生存的空間，尤其是心理上的空間嗎？
39. 我提出十點具體的作法，希望能減少使用電腦造成眼睛的不適，更希望能降低家長對小孩接觸電腦所造成的焦慮。請仔細看看，這十點中你做了幾樣？
40. 每年至少一次做整體的眼睛檢查。你覺得有必要嗎？小孩子比大人更有必要每年檢查嗎？
41. 慎選給小孩用的電腦。舊的機型比較傷眼，你同意嗎？
42. 注意小孩使用電腦時周邊的光線。為什麼要這麼做？你做了嗎？
43. 注意牆壁的顏色。為什麼牆壁的顏色重要？要選什麼顏色呢？
44. 調整電腦螢幕的設定。這和保護眼睛有什麼關係呢？
45. 調整螢幕字體的大小和顏色。螢幕字體可以調大小？怎麼做？
46. 調整坐姿及眼睛與螢幕的距離。坐姿和眼睛的關係是什麼？
47. 使用電腦時多休息。為什麼需要多休息？
48. 做眼球運動。你還記得怎麼做嗎？

49. 做眨眼運動。為什麼要做眨眼運動？

50. 我們經由調查得知，大部分家庭都沒有安排小孩一年至少一次的眼睛檢查。這是一件難以想像的事，因為許多父母表達對小孩用電腦、平板、手機傷眼的憂慮。卻沒有讓孩子做基本的眼睛保健檢查，更何況其他保護眼睛的措施？

Chapter 8

51. 你會禁止小孩使用手機、平板或電腦嗎？看了本書第八章，你的看法有所改變嗎？改變了什麼？為什麼？

52. 你同意父母應該以身作則嗎？如果不要小孩沉溺在電腦裏，父母卻整天在用手機或掛在Facebook上，如何能說服孩子改變習慣呢？

53. 為什麼訓練小孩獨立自主可以避免他沉溺在電腦裏？

54. 訓練孩子負責任（Accountability）的人生態度可以改變他使用電腦的行為，這個邏輯是什麼？

55. 為什麼控管小孩的軟體行不通？你同意教小孩有正確的觀念，他自己不會去不該去的地方，反而是一個互相信任，更有尊嚴、更好的作法嗎？

56. 你願意就使用電腦、手機這件事，和小孩坐下來共同商量出一個規則嗎？或許你會驚訝他們也是很有分寸的噢。

Chapter 9

57. 我舉出了許多從失敗到成功的例子，你和孩子分享了嗎？你是否有在日常生活裏經常提及某某人失敗，後來又成功的例子？你是否有在潛移默化小孩，讓他學習到失敗是件好事，因為失敗給我們寶貴的學習經驗，失敗讓我們成功。沒有失敗的成功絕對不會是真的成功？

58. 你同意Tim Harford的建議：「給自己創造一個安全的空間，在裏頭練習失敗。」嗎？你看了Twyla Tharp的例子，應該知道怎麼做了。

59. 學習Melanie Stefan的方式，幫自己和小孩建立「失敗履歷」，用意是讓他們不畏懼失敗，更不會因為失敗而灰心喪志。

普林斯頓大學心理學及公共事務系教授Johannes Haushofer接受了Stefan的建議，不但寫下他的失敗履歷，而且公布在網路上，造成轟動。

60. 請思考「成長心態」（Growth Mindset）和「固定心態」（Fixed Mindset）的差別。父母的什麼態度會養成小孩的「成長心態」？

Chapter 10

61. 你平常玩電玩遊戲嗎？你對電玩遊戲的認識有多少？請列出所有你玩過的電玩，並列出其中你最喜歡的幾樣。為什麼你喜歡這些電玩遊戲？

62. 你對電玩遊戲的看法是什麼？作者提到電玩遊戲的益處，你同意嗎？你準備怎麼做？

63. Q2L是美國紐約一家以遊戲為教學核心哲學的中學，這叫「以遊戲為本的學習法」（Game-based Learning），你同意這是一種具啟發動機、符合學習原理的學法嗎？Q2L雖是公立學校，但幾年來已經變成一個一位難求的學校了，可見其教學理念受到許多家長的肯定。

64. 我列出的所有電玩遊戲的好處，都是有科學根據的。其中你最認同哪一點？

65. 你會開始選擇適當的電玩遊戲，不但讓孩子玩，而且自己也加入，拉近自己和孩子的距離嗎？

Chapter 11

66. 拿C的學生，通常都是老師不愛，父母不疼，讓大人傷透腦筋的人物。但是有研究顯示，他們未來的成功機會比拿A的學生要高出許多。你同意我提出的他們未來會成功的理由嗎？

67. 你是拿C的學生嗎？你的小孩是拿C的學生嗎？你同意作者對C學生的看法呢？你覺得作者的分析有道理嗎？你同意的有哪些？不同意的有哪些？

68. 不管你是不是拿C的學生，你是不是願意去培養作者所說的C學生的特質呢？

69. 看了作者的分析之後，你是不是考慮把對學業成績和考試分數的堅持降低一些，讓自己有時間去培養其他能力呢？

70. 你覺得A學生和C學生的優點可以兼得嗎？如果你認為可以，這是個好主意嗎？

71. 你渴望成功嗎？你希望將來自己成功嗎？對你來說，什麼叫做成功呢？

72. 我提到MED，就是「最低有效劑量」。你了解是什麼意思嗎？你同意MED的原則嗎？

73. 你知道Think outside of the box是什麼意思嗎？你同意這個概念嗎？你能否敘述，什麼對你來說，是一個Box？

74. Think outside of the box是好的，你如何培養孩子這樣的能力？

75. 請問什麼是Einstellung效應？你做了我在本章裏提到Abraham Luchins的水瓶實驗嗎？

76. 請問什麼是「社會比較理論」（Social Comparison Theory）？知道了這個，有什麼用處？

77. 完美主義（Perfectionism）有什麼不好？為什麼有時候不追求完美反而比較好？這會改變你追求完美嗎？

78. 英國著名歌手Geri Halliwell說，「完美主義謀殺藝術。當我發現我在批判自己時，趣味就沒了。過度分析可以讓一個人癱瘓，會把好玩（Playfulness）帶走。」她是唱歌、搞藝術的人，可以理解有趣、好玩的元素很重要。你認為這種Playful的心態在求學、讀書、學電腦程式、創業、做科學實驗這些「嚴肅」的事情時，是不是不應該存在？如果應該也要Playful，那你覺得應該如何注入趣味的元素呢？

（全文完）

致謝

感激令生命變得豐富。——梅樂蒂・比蒂

Gratitude unlocks the fullness of life. —— Melody Beattie

生一個小孩算什麼？你深深吸一口氣再吐出來的時間，就有五十個小嬰兒呱呱墜地，人類每天要一起製造出三十六萬個嬰兒，你沒有聽錯，那是每天的數字，不是每年；蓋一幢房子算什麼？任何一個都會的樓房都在舊的拆、新的又變舊，不停起新樓的循環中；寫一本書算什麼？書店裏的書多到幾乎新書區的書每天都要全部更新。

但是每個嬰兒、每幢房子、每本書，即使不聰明、簡陋、粗糙，都不折不扣是個奇蹟，至少對製造者來說，他不會願意拿他的小孩、他起的樓、他寫的書，去和別人交換。我的意思是，如果他是拿真心去做這件事的話，那肯定是癩痢頭的孩子還是自己的好。我們寫的這套書也不例外，不例外到如果你用嘔心瀝血來形容我們寫這套書的心力，我臉紅也只會是一下下。

由懵懵懂懂的一個年輕人，到太平洋彼岸去經歷了西方的文化衝擊（culture shock），少小離家老大回，回到故鄉沒料到的是又經驗到另一次的衝擊。是我變了？故鄉變了？還是大家都變了？我沒有答案。我唯一知道的是，原來我成長的每一刻，不管是在台灣，還是在西方，我都不停的在累積經驗和能量來為寫作做準備。

如果是的話，那我寫這套書要感謝的人真是太多了，多到有如一棵枝葉茂盛的大樹上的葉子。你怎麼去數大樹上的每一片葉子呢？你不能，那就只好數數大一點的枝幹吧。

每個人的那棵「感激的樹」（The Tree of Gratitude）最大的分枝應該是父親吧，我的情形更是如此。現在罹患阿茲海默症的他，兩眼無神，已經不能對我說話了，但是現在每當我和他坐一起，我老是想起小時候他坐在我旁邊對我諄諄勸誨的話，他曾說：「吃虧就是佔便宜，你長大了就知道。」這句話聽了無數次，我從來不知道我記得。直到有一天我突然想起來，然後這句話就一直在我身邊引領著我。

還有一次，我上國中的時候，學校課業跟不上，我坐在家門外的鞋箱上獨自啜泣，他發現我遲遲不走，出來查看，聽我說我在學校數學跟不上，不想上學了。你猜他怎麼說？他說：「沒關係，我在學校的時候最差的一科就是數學，我們全家數學都不好。」我至今弄不清楚這是一種什麼安慰人的方式，也不記得心情低落的我聽了之後是什麼反應。但是我記得那天下午他來學校，在教室外面和數學老師咬了一陣子耳朵。後來我就開始到數學老師家裏開的補習班去補數學。我不相信我在補習班裏學到多少數學，我的印象是，許多時間我們都在看著數學老師跟他太太吵架，在教室後面互丟東西的樣子。不過那是另外一個故事了。

我的數學是上了研究所之後，可能是攸關學位與否，我開始認真起來，數學對我也變得可愛起來。做了別人的父親之後，才發現數學沒自信真的不行，小孩也會跟著對數學沒辦法。總之，如果我沒數學，電腦系念不下去，研究所畢不了業，更找不到工作，創不了業，恐怕也成不了家，更不要說能靜下心來寫書了。所以能寫這本書，要感謝的第一個人是我的父親，因為他幫助了我的數學，雖然不是用一般人想的方式。

完成這套書，要感謝另一位我心中的大人物是我的母親，原因也很奇怪。因為她對我的要求有求必應，小時候大家上學背一個簡單書包的年代，我用的是媽媽從日本買回來的真皮硬殼書包，我打棒球用的也是日本製的手套。這些讓我後來在培養小孩子時也是不計成本。雖然我不富有，但總是不考慮代價的投資在小孩的學習上，小孩子學得多采多姿，我們的教育理論和實作的鑽研也愈來愈深。現在我的孩子長大了，也讓我們有精神和力氣把多年的研究和體驗做個整體的省思和整理，所以才有這套書。

我的母親做的另一件事是從不干涉我看課外書和買書。小時候我的假日都是在重慶南路的書店過的，我除了在書店看書之外，還喜歡買書，一直買到家裏像開圖書館。我出國之後，母親把我的書全拿去送圖書館，有些還得求人，人家才肯收。

有了小孩之後，我在國外又繼續買書，建構我的另一個圖書館，小孩子在充滿書的環境裏長大，看的書比許多人都多，相信對他們有造成一定程度的正面影響。因此雖然買書花了許多錢，但因為有小孩幫忙看書，也稍減了我浪費的罪惡感。更重要的是，沒有長年買書看書的惡習，恐怕也不會有我們的這套書問世，所以第二個要感謝的人是我的母親。

我們還想要感謝我們的小孩——安廬、安祺、安心，為了要和他們的學習並駕齊驅，我們花了許多時間在教育及科技的研究上。後來他們走到生物和腦科學的研究上，我們也開始研讀生物和大腦的書籍和論文，累積一點一滴的功夫，今天才能慢慢的孵育成這套書。

在寫這套書的過程中，最愉快有趣的事情是參閱了許許多多相關的科學期刊論文，我們對於科學家對研究的奉獻和對整個人類的貢獻，真的心存感激。我們無法列出看過的所有論文裏科學家的名字，但是，沒有他們，我們會被疾病以及怪力亂神的偏見和無知所吞噬。

我們還要感謝商周出版的編輯黃靖卉小姐，她把複雜繁瑣的編輯和聯繫過程變得像不費吹灰之力般的容易，她的專業和反應，讓作風和工作習慣與國內完全不同的兩個作者對她完全的信任。當我們知道她還是個有兩個小孩的職業婦女時，我們對台灣多了一份信心，因為我們看到了台灣真正實力之所在。

另外，我們在各地有幸碰到的家長，告訴我們各種他們在教養小孩中碰到的問題和困擾，這裏面有家庭的問題、社會的問題，有小孩智力和身體、心理各方面的問題。我們更有幸的，是接觸到許多的小孩，每一位孩子都非常獨特，我們珍惜和他們每一次的互動，幫助他們成為更有能力的未來世界公民，是驅動我們不停努力的力量。我們要特別的感謝這些父母和孩子。還要感謝資深工程師、老師杜德年（Daniel Toussaint）協助檢視有關程式語言的內文。

最後，我們衷心感謝為我們推薦的每一位人士，除了寫更好的書之外，我想不出還有什麼更適切的方式，可以表達我們的感激。

Notes

Notes

Notes

Notes

Notes

Notes

教育大未來3: 超強未來父母手冊——你不能不知道的11個教養觀念與作法/ 徐宏義, 羅曼如合著. -- 初版. -- 臺北市 : 商周出版 : 家庭傳媒城邦分公司發行, 2016.11
面；　公分. -- (商周教育館 ; 8)
ISBN 978-986-477-115-8(平裝)
1.親職教育 2.子女教育
528.2　　　105017652

商周教育館 08　教育大未來3

超強未來父母手冊：你不能不知道的11個教養觀念與作法

作　　者／徐宏義、羅曼如
企劃選書／黃靖卉
責任編輯／黃靖卉

版　　權／黃淑敏、翁靜如
行銷業務／張媖茜、黃崇華
總 編 輯／黃靖卉
總 經 理／彭之琬
發 行 人／何飛鵬
法律顧問／台英國際商務法律事務所羅明通律師
出　　版／商周出版
台北市104民生東路二段141號9樓
電話：(02) 25007008　傳真：(02)25007759
blog : http://bwp25007008.pixnet.net/blog
E-mail : bwp.service@cite.com.tw
發　　行／英屬蓋曼群島商家庭傳媒股份有限公司城邦分公司
台北市中山區民生東路二段141號2樓
書虫客服服務專線：02-25007718；25007719
服務時間：週一至週五上午09:30-12:00；下午13:30-17:00
24小時傳真專線：02-25001990；25001991
劃撥帳號：19863813；戶名：書虫股份有限公司
讀者服務信箱：service@readingclub.com.tw
城邦讀書花園：www.cite.com.tw
香港發行所／城邦（香港）出版集團有限公司
香港灣仔駱克道193號東超商業中心1樓　E-mail:hkcite@biznetvigator.com
電話：(852) 25086231　傳真：(852) 25789337
馬新發行所／城邦(馬新)出版集團 Cite (M) Sdn Bhd
41, Jalan Radin Anum, Bandar Baru Sri Petaling,
57000 Kuala Lumpur, Malaysia.
Tel: (603) 90578822　Fax:(603) 90576622　E-mail:cite@cite.com.my

封面設計／徐璽設計工作室
排版及版型設計／洪菁穗
印　　刷／中原造像股份有限公司
經 銷 商／聯合發行股份有限公司
電話：(02)2917-8022　傳真（02）2911-0053
地址：新北市231新店區寶橋路235巷6弄6號2樓

■2016年11月3日初版一刷　　Printed in Taiwan

定價 340元

城邦讀書花園
www.cite.com.tw

 ISBN 978-986-477-115-8

廣　告　回　函
北區郵政管理登記證
北臺字第000791號
郵資已付，免貼郵票

104　台北市民生東路二段141號2樓

英屬蓋曼群島商家庭傳媒股份有限公司城邦分公司　收

請沿虛線對摺，謝謝！

書號：BUE008　書名：超強未來父母手冊　編碼：

請於此處用膠水黏貼

商周出版

讀者回函卡

感謝您購買我們出版的書籍！請費心填寫此回函卡，我們將不定期寄上城邦集團最新的出版訊息。

不定期好禮相贈！
立即加入：商周出版 Facebook 粉絲團

姓名：＿＿＿＿＿＿＿＿＿＿ 性別：□男 □女

生日：西元＿＿＿＿年＿＿＿＿月＿＿＿＿日

地址：＿＿＿＿＿＿＿＿＿＿

聯絡電話：＿＿＿＿＿＿＿＿ 傳真：＿＿＿＿＿＿＿＿

E-mail ：

學歷：□ 1. 小學 □ 2. 國中 □ 3. 高中 □ 4. 大學 □ 5. 研究所以上

職業：□ 1. 學生 □ 2. 軍公教 □ 3. 服務 □ 4. 金融 □ 5. 製造 □ 6. 資訊
□ 7. 傳播 □ 8. 自由業 □ 9. 農漁牧 □ 10. 家管 □ 11. 退休
□ 12. 其他＿＿＿＿＿＿＿＿

您從何種方式得知本書消息？

□ 1. 書店 □ 2. 網路 □ 3. 報紙 □ 4. 雜誌 □ 5. 廣播 □ 6. 電視
□ 7. 親友推薦 □ 8. 其他＿＿＿＿＿＿＿＿

您通常以何種方式購書？

□ 1. 書店 □ 2. 網路 □ 3. 傳真訂購 □ 4. 郵局劃撥 □ 5. 其他＿＿＿＿

您喜歡閱讀那些類別的書籍？

□ 1. 財經商業 □ 2. 自然科學 □ 3. 歷史 □ 4. 法律 □ 5. 文學
□ 6. 休閒旅遊 □ 7. 小說 □ 8. 人物傳記 □ 9. 生活、勵志 □ 10. 其他

對我們的建議：＿＿＿＿＿＿＿＿＿＿

＿＿＿＿＿＿＿＿＿＿

＿＿＿＿＿＿＿＿＿＿

【為提供訂購、行銷、客戶管理或其他合於營業登記項目或章程所定業務之目的，城邦出版人集團（即英屬蓋曼群島商家庭傳媒（股）公司城邦分公司、城邦文化事業（股）公司），於本集團之營運期間及地區內，將以電郵、傳真、電話、簡訊、郵寄或其他公告方式利用您提供之資料（資料類別：C001、C002、C003、C011 等）。利用對象除本集團外，亦可能包括相關服務的協力機構。如您有依個資法第三條或其他需服務之處，得致電本公司客服中心電話 02-25007718 請求協助。相關資料如為非必要項目，不提供亦不影響您的權益。】

1.C001 辨識個人者：如消費者之姓名、地址、電話、電子郵件等資訊。
2.C002 辨識財務者：如信用卡或轉帳帳戶資訊。
3.C003 政府資料中之辨識者：如身分證字號或護照號碼（外國人）。
4.C011 個人描述：如性別、國籍、出生年月日。

請於此處用膠水黏貼